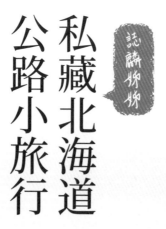

私藏北海道
公路小旅行

誌麟姊姊

太雅

目錄

作者序

　　各位喜愛北海道的「道友」大家好，我是誌麟姊姊，FB社團「北海道旅遊情報」的版主。北海道旅遊情報是華人區北海道單區最大旅遊社團，當初管理這個社團的契機，只是想讓更多人知道我最愛的北海道，也希望藉由這個平台，將心中北海道的真貌介紹給大家。

　　第一次造訪北海道，是在花謝樹禿、但白雪卻還來不及將北海道裝飾成銀白世界的季節，雖說青黃不接，但剛下飛機，吸入一口北海道的清新空氣後，就中了北海道的毒，而在雨後天晴的十勝平原上，親眼目睹晴空掛了兩弧180度超廣角霓虹，更受到莫大震撼，從此就三不五時往北海道跑，4大極點、5大離島都曾駐足，而每次前去，都戲稱是回故鄉。

　　此後，因接觸北海道更多面向，越覺得對它的了解只有皮毛，所以行程規畫慢慢從遊客最愛的札幌、小樽、函館、旭川等大都市，或是美瑛、富良野等媽祖廟級景點，變成自然寶庫的道東、原始樣貌的道北，還留宿5個離島，希望能更深入了解當地的風土民情；同時，也從以前每次規畫行程都想貪心繞一大圈、把出國旅遊當成拉力賽車，變成現在經常一天開不到50公里，只想在固定區域輕鬆慢遊，放慢腳步，好好感受北海道。

　　很感謝眾多好友在寫作時的各方支援，偉大娘娘的鼎力協助，博眾精心設計的封面，更感謝太雅總編輯芳玲姊給我這個機會，還有對文字一絲不苟的云也主編辛苦校稿，對文字出版尊重的態度，讓姊姊印象深刻。還記得在溝通旅遊書內容時，曾提出一件事問云也主編，如果最後寫出一本北海道旅遊工具書，但卻沒有介紹遊客必去的札幌、小樽，也沒提到每本旅遊書都必寫的登別、洞爺，甚至連Outlet也都沒有版面，這樣還願意幫姊姊出版嗎？

　　結果，姊姊真的寫出了這樣一本超另類的旅遊書，而現在，這本書就在你的手上，希望你喜歡。

誌麟姊姊

作者簡介——誌麟姊姊

喜愛帶著家人與朋友一同出遊的熱血男，FB熱門社團「北海道旅遊情報」版主。

FB社團：北海道旅遊情報
(需申請加入)

ppt.cc/fMMt9x

FB粉絲頁：
誌麟姊姊 私藏北海道

ppt.cc/f7o05x

部落格：
誌麟姊姊的北海道旅遊情報

foxhucat2016.pixnet.net/blog

編輯室提醒

出發前，請記得利用書上提供的Data再一次確認

　　每一個城市都是有生命的，會隨著時間不斷成長，「改變」於是成為不可避免的常態，雖然本書的作者與編輯已經盡力，讓書中呈現最新最完整的資訊，但是，我們仍要提醒本書的讀者，必要的時候，請多利用書中的資訊，再次確認相關訊息。

資訊不代表對服務品質的背書

　　本書作者所提供的餐廳、商店等等資訊，是作者個人經歷或採訪獲得的資訊，本書作者盡力介紹有特色與價值的旅遊資訊，但是過去有讀者因為店家或機構服務態度不佳，而產生對作者的誤解。敝社申明，「服務」是一種「人為」，作者無法為所有服務生或任何機構的職員背書他們的品行，甚或是費用與服務內容也會隨時間調動，所以，因時地人，可能會與作者的體會不同，這也是旅行的特質。

新版與舊版

　　太雅旅遊書中銷售穩定的書籍，會不斷再版，並利用再版時做修訂工作。通常修訂時，還會新增餐廳、店家，重新製作專題，所以舊版的經典之作，可能會縮小版面，或是僅以情報簡短附錄。不論我們作何改變，一定考量讀者的利益。

票價震盪現象

　　越受歡迎的觀光城市，參觀門票和交通票券的價格，越容易調漲，但是調幅不大(例如倫敦)，若出現跟書中的價格有微小差距，請以平常心接受。

謝謝眾多讀者的來信

　　過去太雅旅遊書，透過非常多讀者的來信，得知更多的資訊，甚至幫忙修訂，非常感謝你們幫忙的熱心與愛好旅遊的熱情。歡迎讀者將你所知道的變動後訊息，善用我們提供的「線上回函」或直接來信taiya@morningstar.com.tw，讓華文旅遊者在世界成為彼此的幫助。

太雅旅行作家俱樂部

如何使用本書

　　無論你是喜歡山岳或大海、想蒐集北海道極點之地、還是跟誌麟姊姊一樣愛帶著家人吃美食、賞花海、認識歷史……多采多姿的私藏路線，貼心的每日行程，詳細的自駕經驗分享，本書立志要讓你的北海道之旅豐富難忘，還可一玩再玩！

▶5條自駕路線任你選

　　每條路線都有行程說明與每日行程，天數從3～8日皆有，並附上各段路程行車或是步行時間，還有區域地圖，讓你對景點的地理位置有概念。

◀符合自駕需求的資訊

　　交通工具選擇、保險種類、車禍處理等等自駕者一定要知道的事，通通傾囊相授，就是希望大家的旅程平安順暢。各景點都有Mapcode，方便GPS導航找路。

▶豐富的歷史與地理介紹

　　透過誌麟姊姊的北海道歷史介紹，旅行時你會對這片北國大地更有感覺！包括愛努族的過去與現在，間宮林藏與松浦武四郎的故事，還有北海道4大分區、4大城市、特色花種等，看了長知識。

▶實用的離島旅遊資訊

　　為想前往礼文、利尻、焼尻、天売、奧尻等5座北海道離島的旅人，彙整重要交通資訊，無論是搭船、開車、或是參加觀光巴士行程，都有所參考。也有建議行程，島上景點與食宿都不漏。

◀知性訊息與經驗情報

　　「北海道小典故」讓你知道與該景點相關的人、事或歷史等故事；「誌麟姊姊説」則是作者的經驗分享，看過讀過，就不會走冤枉路。

▶各行程的區域地圖

　　每條路線都有提供相關的區域地圖，羅列景點、餐廳、商店、住宿、渡輪中心等位置，還有山川、湖泊、河流等重要指標，讓你明白目的地的地理與方位。

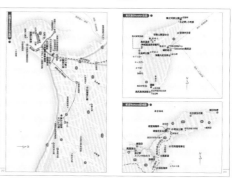

內文資訊符號　　**地圖資訊符號**

http 網址*	● 景點	● 購物
營業時間	⏳ 停留時間	電車站 · 火車站 · 自動車道 E5
✉ 地址	$ 價格	MAP 地圖頁面 · 餐廳 · 地名、地標 · 纜車站 · 機場 · 國道 12
☎ 電話	● 住宿	▲ 山 · 巴士站 · 碼頭 · 道道 571

*編註：如網址過長，則以短網址方式呈現。

賞

季節美景

6月摩周湖湖景(圖片提供／Jacky Chang)

春
4～5月

北海道的春季很短暫，這個準備融雪的季節裡，天氣很不穩定，還是要準備厚外套，融雪也對生活造成不少困擾，地上一片泥濘，非常濕滑，最好穿著防水防滑的鞋子，或是噴上防水噴霧，潮濕的鞋子容易造成失溫，甚至引起凍傷。

這時由於萬物尚未甦醒，風景相對單調，遊客較少，但反向思考，只要避開黃金週，機票食宿都相對便宜，不失是輕鬆體驗北海道的好時節。

另外，北海道是日本櫻花最晚開的區域，道東甚至到5月底還能欣賞櫻花，而油菜花、芝櫻、鬱金香也迫不及待地盛開。

夏
6～9月

百花爭艷的夏季北海道最受遊客歡迎，暑假期間全家出動，航空公司機位難求，熱門風景區停車場到處都是遊覽車，白天時間長，可以安排較多景點，但小心別玩得太累，體力不支。

這時期的賞景重點在道央。美瑛粉白的馬鈴薯花，小麥和甜菜農田，富良野農場的花海，知床、羅臼四處奔跑的野生動物……怎麼安排都覺得時間不夠；這時也是造訪5大離島的最佳時機，利尻、礼文的高山花卉吸引遊客不遠千里造訪，還有8月農忙後各地的祭典和花火大會，把夏天點綴得五顏六色，多采多姿。

5月五稜郭夜櫻(圖片提供／Henry Chen)

> **四季分明、魅力無限,不同時節都有其獨特的自然景觀和豐富美食,何時造訪皆適宜。**

秋

10~11月

秋天,北海道處處點綴著色彩繽紛的黃葉和紅葉,各大公園皆是賞楓名所,其中以大雪山(旭岳、銀泉台、高原溫泉)、定山溪、支笏湖、大沼公園、香雪園等地更是出名,大批遊客追逐紅葉情報賞楓,運氣夠好的話還能同時欣賞楓紅與白雪的絕景。

在這食慾之秋,北海道迎來豐富的農牧水產等物產,新鮮味美,讓人一見美食就欲罷不能,體重破表。

而身為日本糧倉的十勝平原,在這農作物豐收的季節,也出現了運送馬鈴薯和小麥的大型貨車絡繹不絕的現象,形成一種特殊景色,煞是有趣。

1月小樽大雪(圖片提供／趙薇)

冬

12~3月

冬天的銀白世界,最最吸引身處熱帶國家、沒什麼機會體驗下雪的我們,此時前往北海道,不僅到處都有冰祭,而且還有最吸引人的細緻粉雪,可說是滑雪者的天堂。其中,新雪谷地區尤其熱鬧,滑雪場滿是金髮碧眼的西方人,讓人有置身國外的錯覺,還有機會看到流冰、鑽石塵與冰寶石等難得的景觀。

但冬天的北海道很容易因大風雪而導致鐵公路停駛,或是飛機停飛,一定要多多注意即時訊息,而札幌雪祭和新雪谷滑雪勝地也帶動周邊住宿水漲船高,冬季訂價不僅高不可攀,還一房難求。

11月北海道大學黃色銀杏大道(圖片提供／Jacky Chang)

吃
新鮮美食

海產 *Seafood*

道東的羅臼、根室位處鄂霍次克海「親潮」和太平洋「黑潮」交接的漁場，擁有毛蟹、花咲蟹、扇貝、秋刀魚、喜之次等漁產，日本海側也盛產鯡魚、鮭魚、海膽、甜蝦、海鞘等，其中枝幸和雄武的毛蟹、猿払和佐呂間湖的扇貝、網走和知床的喜之次魚、根室的秋刀魚和花咲蟹、積丹和利尻的海膽、厚岸和知內的牡蠣等，都是萬中選一的美味，而被稱為帝王蟹的鱈場蟹，肉多味美，更是老饕指名必吃。很多人戲稱北海道的食物是「食材一流，廚藝二流，調味三流」，因為在這裡，海鮮的調味不是重點，生猛上桌就是新鮮美味的保證了！

▲鮑魚殘酷燒
猿払的扇貝▶
▼烤魚之王：喜之次

農產 *Agriculture*

十勝、美瑛富良野、新雪谷號稱北海道三大糧倉，小麥、馬鈴薯、玉米、蕎麥、甜菜、稻米等農作物產量驚人，尤其廣大的十勝平原更是大糧倉，每到秋天，熙來攘往的馬鈴薯運

◀黃肉哈密瓜

輸車奔馳在國道上，非常壯觀。2016年侵襲北海道的颱風影響了十勝馬鈴薯產量，竟導致日本Calbee洋芋片斷貨，就知道產量有多大了。北海道的玉米甜度讓遊客難以忘懷，而夕張、富良野的哈密瓜遠近馳名，余市的果園一條街，櫻桃、藍莓、蘋果和水梨接力上市，提供現採的新鮮美味。

> 地大物博，物產豐富，糧食自給率達200%，十勝地區更高達1,000%，號稱是日本糧倉。

畜產
Animal Agriculture

牛、豬、羊、雞是畜產大宗，不少地區牛隻數量甚至比人多。去過北海道的朋友，對牛乳的高品質和低價格更是覺得訝異，喝過這裡的高級牛乳，就覺得以前喝的牛奶跟開水一樣淡。「猿払」和「養老牛」是誌麟姊姊心目中的北海道牛乳界魔王，這兩款牛乳靜置一段時間就會浮出一層厚厚的乳脂肪，口感又醇又香又濃。而使用在地牛乳製作的冰淇淋，更是天天都要來上一支才行。北海道的牛肉以白老牛與宗谷黑牛名氣最大。豬肉的話，十勝豚丼在帶廣有許多名店，烤得油香四溢的豬肉片沾上香甜的醬汁，被白飯吸收後真是美味！

◀十勝豚丼

▼養老牛放牧牛乳

十勝牛乳

宗谷黑牛排

十勝平原的馬鈴薯運輸車

◀野菜直售所的地產農產品

道之駅販售的當季水果

13

代表美食
Gourmet

⟋ 成吉思汗烤羊肉

這道跟成吉思汗一點都沾不上邊的料理，現在幾乎是道民的日常了，只要三五好友聚會，或是節慶喜宴，餐桌上都免不了有這道料理，甚至連櫻花季時都要順便烤一下，形成煙霧瀰漫、花香和烤肉香混雜的賞櫻奇景，根本是藉賞櫻之名，行烤肉之實。烹調方法也各有千秋，羊肉要不要醃製？用仔羊還是老羊？加什麼蔬菜？甚至先放菜還是先放肉、用哪一牌的沾醬等，每戶人家都有專屬的烤肉經。就算不在家吃，到處也都能找到成吉思汗烤肉餐廳，松尾、達摩、大黑屋都各有忠實擁護者，難分軒輊。

成吉思汗烤羊肉用的鑄鐵盤

⟋ 湯咖哩

這個原本只有在札幌市區才吃得到的特殊料理，現在已是各地食堂的固定餐點。不像其他咖哩偏濃稠，湯咖哩使用牛骨或雞骨熬湯，加入南瓜、茄子、紅蘿蔔、馬鈴薯等蔬菜，還有肉類和各式海鮮，是一道利用各式藥材和香料調理的藥膳料理，米飯和湯咖哩分開提供，在寒冷冬季吃碗濃郁湯頭的湯咖哩，真會從胃暖到心坎裡。比較有名的店家如奧芝商店、Suage⁺、GARAKU等，都值得試試。

Suage⁺雞肉野菜湯咖哩

⟋ 拉麵

以三大城市不同口味為分野，分別是旭川的醬油拉麵、札幌的味噌拉麵和函館的鹽味拉麵，還有釧路、室蘭等自成一格的風味拉麵。其中像旭川的一藏、天金，札幌的彩未、一幻，函館的滋養軒、海鷗(かもめ)都是排隊名店，另外山頭火、味之時計台、信玄、一粒庵口味也都不錯。除這幾個城市以外，各地都有藏身巷弄的美味拉麵店，出發前先做功課，相信可以在拉麵王國吃得很過癮。

▲旭川「梅光軒」鹽味拉麵

▶北海道票選第一札幌「彩未」味噌拉麵

螃蟹

北海道緊鄰寒冷的鄂霍次克海和日本海，螃蟹種類和產量豐富，帝王蟹、油蟹、松葉蟹、毛蟹、花咲蟹一年四季接力上市，想吃螃蟹，有幾種選擇：

1. 吃到飽餐廳：可一次吃到不同種類的螃蟹，價格又實惠，知名店家有飽陀、蝦蟹合戰(えびかに合戰)、櫻家等，但價格決定品質和鮮度，烹調方式也較為單調，請列入考量。

2. 會席料理：以套餐的方式供應，生食、燒烤、火鍋和炸物都有，精緻度高，套餐分不同等級，豐儉由人，適合食量不大的人，著名店家有冰雪の門、螃蟹本家(かに本家)、雪華亭等，最好先預約免得撲空。

3. 市場現點現吃：這是大部分自助旅客喜歡的方式，在市場挑選自己想吃的活蟹，再由店家以汆燙、燒烤等方式料理，呈現最原始新鮮的美味。札幌的二条市場和場外市場、函館朝市、小樽三角市場和釧路的和商市場等都很受歡迎，但價格波動大，店家定價策略不同，而觀光區和地方漁港的價差也很大，貨比三家不吃虧。

▲花咲蟹

▼函館朝市現點現吃的攤位

海鮮丼

北海道的海鮮丼是出了名的豪邁，不管是單一的海膽丼、鮭魚卵丼、甜蝦丼，還是二色、三色、N色丼，眼花撩亂的漁夫丼、大漁丼、豪華海鮮丼等，不僅鮮度拔群，給料也絕不含嗇，請千萬不要錯過。而夏季限定的海膽丼，黃澄澄的誘人美味是姊姊最愛！

▲知床熊之家的特製荒磯丼

▲積丹「新生」的三色丼
◀礼文「海鮮処かふか」的馬糞海膽丼

甜點與麵包

北海道的小麥種植面積達12萬公頃，接近全日本的6成，美瑛、十勝地區是主產地，道產「春之戀」麵粉更是麵包界的明星，造就北海道在甜點界的地位，不僅在札幌小樽地區有雪印、白色戀人、北菓樓、LeTAO等非常棒的甜點店，帶廣更是甜點重鎮，六花亭、滿壽屋麥音、柳月的蛋糕和麵包都令人難以忘懷。就算在偏鄉，也能輕易找到隱身市街的極品甜點店，如稚內的小鹿、江別的Pasco夢パン工房、江差的ぱんやBecky等，處處皆驚喜。

帶廣「滿壽屋麥音」的蘋果派

看

壯闊海岸線

國道238

鄂霍次克國道

沿東北岸的鄂霍次克海北上，連接網走到稚內的海岸公路，經過紋別、興部、雄武、枝幸、浜頓別到稚內，總長約300公里，沿途有網走湖、能取湖、佐呂間湖(サロマ湖)、屈茶路湖(クッチャロ湖)、猿払、宗谷岬和宗谷丘陵等多處景點，也是冬季觀賞流冰的最佳地點。

網走能取岬

國道44

根釧國道

道東的南部沿海國道，連接釧路市到根室市，沿路經過厚岸、霧多布、風蓮湖、春国岱、溫根沼，可轉北上到弟子屈、標津等地，和JR根室本線路線雷同，總長約125公里，沿途人煙稀少，推薦給想遠離人潮的遊客。路上容易目擊野生動物，驚喜連連，但下午容易起霧，開車請多小心。

釧路車站GRACE教堂

國道244、335、334

野付、国後、知床國道

在鄂霍次克海和太平洋的交界，連接根室到知床的海岸公路，經過標津、羅臼、橫斷知床半島到知床，沿途有尾岱沼、野付半島、羅臼岳、知床峠、宇登呂和知床五湖等景點，總長約180公里，國道334位在羅臼知床國家公園內，非常容易遇到野生動物，另外此路段很容易起霧，開車務必放慢速度，專心看路。

知床宇登呂(ウトロ)的夕陽▶

> **3,066公里海岸線，暢意馳騁在以國道為主的海岸公路上，享受海天一線，好不快樂。**

國道229　雷電國道

沿著日本海蜿蜒的海岸公路，連接余市到江差的海岸公路，經過積丹、岩內、壽都、瀨棚、爾志到江差，總長約300公里，沿途有余市威士忌蒸餾所、美国町、積丹島武意海岸、神威岬等景點，向海面看去整片炫目的「積丹藍」加上奇岩怪石的海岸線，讓人不禁速度放慢好好欣賞。

黃金岬遊船

國道232　歐羅隆國道

道北沿西部海岸的公路，連接稚內到留萌，以生活在天売島瀕臨絕種的オロロン鳥命名，經過豐富、幌延、天塩、遠別、羽幌、苫前、小平到留萌，總長超過170公里，這條路線景色非常優美，可看到夕陽西沉日本海的絕景，而羽幌則是前往天売、燒尻兩島的港口。

天塩川河口的日本海夕陽，搭配利尻山美景

國道228　追分索蘭國道 和松前國道

沿著道南海岸前進，連接江差到函館的公路，串連上之国、松前、福島、知內、木谷內、北斗等地，全長170公里左右，由於此區開發甚早，是北海道文化和政治的發源地，沿路有非常多休息站和道地美食，也有很多景點可駐足觀賞，海水湛藍，開車非常舒適。

從江差的鷗島望向江差港

北海道親子公園特輯

北海道境內公園很多,光是道立公園就有 **11** 個,每個都有廣大的空間、刺激有趣的室內外遊具,還有設備完善的露營場,最重要的是收費便宜,如果在台灣已經有露營經驗的朋友,非常推薦選擇兩、三個道立公園露營野炊,享受遠離塵囂的旅遊樂趣。以下是 **4** 個各具特色的北海道公園,供大家參考。

http 道立公園網站:ppt.cc/fBYwzx

北海道境內唯一的國營公園

國營滝野鈴蘭丘陵公園 (国営滝野すずらん丘陵公園)

國營滝野鈴蘭丘陵公園可說是距離新千歲機場最近的兩個公園之一(另一個是江別的野幌運動公園),面積廣達 400 公頃,公園分為中央區、溪流區、瀧之森東區、瀧之森西區等區域,並設有瀧之森口、溪流口、鱒見口三個入口,如果你第一次來北海道,或時間有限,只能選擇一個親子公園讓小孩玩樂順便露營,滝野鈴蘭丘陵公園絕對是不二選擇。

公園設備多元,中央區的子供之谷,有滾大球、彈跳床、螞蟻世界、溜滑梯等多種兒童遊樂設施;溪流區沿著厚別川擁有多個瀑布,遊客可以玩水釣魚。瀧之森東區設有森之交流館、森之炊事廣場等設施;瀧之森西區設有森之情報館、水田廣場等,可以在森林裡遊玩。在園區內,夏天可以進行騎自行車、釣魚、迷你高爾夫球等活動,冬天也可以享受輪胎滑雪、雪鞋體驗遊戲等冬季活動。

戶外遊具

★山坡滾大球

其他露營地或公園也有類似設備，但在滝野，因為有大草皮斜坡，小朋友必須費力將球滾上山坡，非常耗費體力，專注度不足還可能功虧一簣，半路球就滾下山坡，這時就是大人小孩共同努力完成任務，增進親子關係的最佳時刻。

★白色彈跳床

彈跳床的外觀有如多個大小不一的小圓丘，不同位置的彈力、方向也不同，可以讓孩子體驗各式變化，並因應回彈力道的大小方位彈跳，可訓練孩童的協調性。

但由於是白色主體，若在豔陽高照的午間使用，反射的光線非常刺眼，建議選在陽光較弱的晨昏時段玩，或配載太陽眼鏡以保護眼睛，避免造成類似雪盲的效應。

1.中央口售票機對面／**2.**公園門口／**3**、**4.**山波滾大球／**5.**白色彈跳床

19

室內遊具

★攀爬網

若天候不佳，或是陽光太過耀眼、天氣太熱，建議稍稍休息，移駕到室內遊具區玩耍。室內遊具區有許多造型各異、網目孔洞大小不同的攀爬網，利用不同的網狀設計，讓孩子必須手腳並用，隨時轉移重心才能向上攀爬，有點像輕量版的抱石運動，非常考驗孩童的肌耐力和平衡力。

★多滑道溜滑梯

擁有10個滑道的長型溜滑梯，長度、方向和斜度都不相同，園方還貼心地準備不同尺寸的安全帽，讓孩子在滑溜滑梯時，能有足夠保護；不同的滑道，下滑速度、轉彎角度都不盡相同，值得每個都試試看。

★火山熔岩攀爬柱

這裡幾乎是園區聚集最多孩童的地方，園方設計了數種高度大小的紅色熔岩攀爬軟柱，讓孩子嘗試多樣的攀爬方式，想辦法在軟柱之間移動而不落地，而柔軟的軟柱其實不好施力(但很安全)，是非常有趣的設計。

★螞蟻世界

非常有特色的超大型遊具，整個建築設計有如放大版的非洲蟻窩，內部模擬螞蟻生活環境，具有曲折、寬度不一的通道，還有觀景窗和溜滑梯，讓小朋友可以體驗一下當螞蟻的感覺。

1、2.多滑道滑梯區／3.室內遊具區攀爬網／4.火山熔岩攀爬柱／5.螞蟻世界／6～8.滝野公園中央口花園秋景

四季風情

　　滝野公園除了擁有讓小孩捨不得離去的遊樂設施外，公園也因應四季變化種植不同花卉，春天的鬱金香、夏天的波斯菊、秋天的掃帚草和楓紅都值得觀賞，就算是冬天，也有很多有趣的冬季活動，雪具租借也超便宜，12月底～3月初為了吸引遊客還免費入園！

6

住宿設備

　　東門有設備完善的露營場、豪華木屋、簡易木屋、汽車營位或無電的自由營位，任君選擇，但請注意，營地採預約制，需事先上網預約。如果懶得帶帳篷，露營區也提供帳篷或炊事用具租借，甚至連電磁爐或電鍋都有。懶得煮飯怎麼辦？別怕！園區的鄉間別墅餐廳和休憩所，都有簡餐或定食，也是美味可口，料理毫不馬虎。

如何前往

　　大多數人是開車前往，從札幌開車過來約40分鐘，若是搭乘大眾交通工具，請坐札幌市營地鐵到「真駒內駅」或「福住駅」，再轉中央巴士前往。

http www.takinopark.com ✉ 札幌市南區滝野247
☎ 011-592-3333 ⊙ 春、秋兩季09:00～17:00，夏季至18:00，冬季至16:00 $ 一日券15歲以上¥450，65歲以上¥210，15歲以下免費
MAP P.150 | Mapcode：9 016 313*71

8
7

旭川杜公園 (カムイの杜公園)

北海道的露營區原本就比日本其他地區便宜，除了道立公園收費較高外，通常每帳只要¥500～1,000，但如果品質佳、又免費的話，實在就太佛心了！而位在旭川的杜公園，就是標榜無料的親子遊樂露營區，不要以為便宜沒好貨，杜公園的遊具水準和露營品質真的會讓人跌破眼鏡；但也由於免費，每到假日營地一位難求，帳帳相連到天邊的景象也是司空見慣。

戶外區

★貓頭鷹活動區 (わんぱく広場)

　　特色是一個大型貓頭鷹木製圖像，身後有許多大型攀爬的木造遊樂設施和長溜滑梯，除了貓頭鷹造型吸引孩童外，在貓頭鷹身後的遊樂空間，更是讓孩子流連忘返的主因。

　　不同設計的攀爬條件及關卡，可讓孩子在遊樂的過程中，享受不同難度的冒險氛圍，並享受挑戰成功的喜悅；在過程中，或許會有些許挫敗，但為了成功越過關卡，會激發孩子發揮更多想像力和行動來解決問題，繼續往下一關挺進。

　　而讓人想一玩再玩的滾輪溜滑梯、長距離鋼繩滑索，以及刺激感滿點的冒險之

1.露營場草皮／2.戶外貓頭鷹活動區／3、4.室內親子活動館

森、具有難度的繩索攀爬，每每耗盡孩子體力，放電功能十足！

★親水互動區 (徒涉池)

公園內也設置了徒涉池，尤其是夏天的旭川，氣溫經常飆破30℃，此時玩水才是王道；徒涉池的水不深，對年紀較小的孩童來說，是個安心且安全的玩水環境，家長也可放心在旁悠閒休息，不用緊張兮兮。

室內館

★親子活動館 (わくわくエッグ)

為因應天候不佳或天氣炎熱，許多道立公園都設有室內活動區，這對煩惱小孩活動力太強的家長來說是一大福音，而杜公園的室內親子活動館內空間非常寬廣，就算人多也不覺得緊迫，挑高的設計，更可讓遊客具有更多與眾不同的設計概念。

館內遊具的原料幾乎以木製和編繩為主，柔和的觸感，增加不少溫馨的感覺。主館內的設施有木球池、小型攀爬牆、立體

的攀爬網迷宮等，滿足不同年齡層的冒險欲望，也設有休息室，玩累了可以坐在這裡休息一下，充飽電再上場。

★體驗學習館

這裡有許多的木工作品，還有許多靜態展示，適合喜歡靜態活動的小孩或是爸媽，也可親子一起來這裡，了解杜公園內的自然環境和棲息的動植物；這裡也有自然觀察導覽、木工體驗、親子陶藝教室等，冬天則有堆雪人、製作雪蠟燭等活動，一年四季都非常有趣。

如何前往

距離旭川市只有6公里，沒有大眾交通工具可抵達，比較適合自駕前往，開車約15分鐘。

http ppt.cc/fvSVwx ✉ 旭川市神居町富沢及び台場
☎ 0166-63-4045 ⏰ 室內館09:00～17:00 (7、8月至19:00) 💲 免費
MAP P.150 | Mapcode：79 278 227*22

中標津道立夢之森公園 (ゆめの森公園)

中標津位在羅臼和根室中途，中標津空港旁，是遊客鮮少會造訪的區域，居民以漁業捕撈和畜牧為主業。雖然荒涼，這裡卻有一個超有趣的道立公園——中標津道立夢之森公園，擁有超大的室內遊樂館，還有豐富的戶外遊樂設施，是會困住小孩、嚴重拖累行程的大黑洞啊！

一進公園，就看到像是卵形飛行船的主建物，裡面就是全天候的室內遊樂館。而整個園區分為中心區、輕量運動區，以及飛行之翼區。

中央冒險森林區

★動力平衡方向自行車

這是其他公園少見的特殊遊具，無轉向設計，只能利用身體重心轉換來操控方向，需要花點時間練習才能上手，但樂趣無窮，適合對身體控制能力較佳，歲數較大的孩童使用。

★人力軌道車

很像台灣山區林務局的台車，深獲小孩的芳心，有用手臂下壓及用腳踩兩種移動方式，雖然只是單純的設計，但附上可以拉動的小拉鐘，加上小孩對火車的迷戀，經常玩到樂不思蜀，也算是這個公園的特色，只是當小孩體力不足時，大人就很累了。

★水上綜合活動區

有不少水池上的木作設計，像手拉船，用手拉為動力，讓船身前進，或是長篙撐船，用不同的施力方式，讓孩子體驗渡河的樂趣，也好像回到了以前農村時代的純樸時光，煞是有趣。

★小型水上活動區

也很像台灣早期綜藝競賽節目《百戰百勝》中的關卡，使用者要穩住重心，快速踩踏過河，如果速度不足或重心掌握不佳，很容易掉入水中，非常適合於炎熱的夏季，就算掉入水中還可清涼一下。

1. 人力軌道車／**2.** 長型滑梯區／**3.** 各式幼兒單車

★小型綜合活動區(彈跳床)

跟其他公園類似的彈跳床設施相比,占地不大,但由於遊客也不多,所以不用排隊,可以盡情玩樂。

★長型滑梯區

幾乎是每個公園必備的設施,但因溜滑梯都各具特色,也值得玩一下。

★鋼索滑軌

由於安全疑慮的緣故,在台灣不常見,但在日本公園卻頗為常見。下滑的速度和御風飛行的感覺,讓人有宛如小鳥般自由的體驗。

★綜合活動區

有包覆式的鞦韆,安全性高,很適合年紀較小的孩童玩樂。

室內遊樂館

位於入口區的蛋型室內館,館內會依據四季而有不同擺設,也提供簡餐填飽肚子,龐大而挑高的空間,完全沒有拘束感。室內遊具的設計重點如下。

★各式幼兒單車

有多種不同型態的幼兒單車,不論是三輪、四輪,或是單人、雙人騎乘,都值得讓小孩試試,體驗不同的樂趣。適合幼兒園~國小中年級的孩童。

★跳跳城堡區

類似百貨公司或園遊會常見的的充氣城堡區,由於是充氣型,相對安全,沒有撞傷的疑慮,大人也放心。

2

3

1、2.溜滑梯／3.室內跑道／4.室內遊樂館

★溜滑梯

不同型態和長度的溜滑梯，還有兩座刺激滿點的垂直溜滑梯，適合高年級和膽子較大的孩子體驗。

★小型彈跳床

幾乎是公園必備遊具，但這裡是設置在室內，必須脫鞋使用，愛乾淨的父母可以放心讓小孩盡情玩耍。

★小猴子橫度區

這個設施是在不同大柱之間，利用橫桿連結，可以讓小朋友盡興攀爬。

如何前往

距離釧路、根室、網走都幾乎100公里左右，也是只有自駕才方便抵達，由於比較偏遠，如果沒有選擇住在附近，記得預留開車時間，別玩得太晚。

http www.yumemori.jp ✉ 標津郡中標津町北中2番地5 ☎ 0153-72-0471 ◎ 5～11月06:00～19:00，12～4月08:00～18:00 💲 免費
MAP P.151｜Mapcode：429 836 661*80(到停車場)

令人安心的道立公園

道立鄂霍次克公園 (オホーツク公園 センターハウス)

公園位在天都山旁，距離網走湖很近，面積約有23個東京巨蛋大，對面可以看到鄂霍次克海和知床半島，景色宜人，而且園區有24小時警衛長駐並巡邏，公園維護得很好，非常值得造訪。

室內館

2017年重新開幕，共有9個遊樂設施，比較適合學齡前的兒童遊玩，以下為幾個比較有趣的遊具。

★球池區

看似一般的球池，包含了教育的巧思，牆上設置了不同的動物分數孔洞，讓小孩自行丟入喜歡的孔洞，可增加幼兒肌肉控制的精確度，還可順便練習算數，是很棒的設計。

★室內攀爬區

利用釘在牆上、角度各異的橫棒設計成的簡易攀爬設施，讓小朋友輕鬆地在牆壁橫向移動，高度只有1.7公尺，有點像簡化版的攀岩設施。

★幼兒區

室內館特別設計了幼兒專屬空間，適合年紀2歲以下的小小孩，遊具也配合幼兒規畫，非常體貼。

★跑步區

館方設計了兩條20公尺長的藍色軟墊跑道，跑道終點還有軟牆保護，不怕煞車不及受傷。

另外還有跳跳床、木製溜滑梯、綜合大型遊具等，也很貼心地設有哺乳室、尿布更換室和休息區，處處可感受館方的用心。

球池區

戶外區

室外則是稱為冒險森林的大型遊具區，是2015年開幕的設備，其中最顯眼的就是黑紅相間、巨大的鳥巢攀爬區，但其他遊具也都非常有特色。

★大鳥籠區

公園最具特色的遊具，倒立半橢圓形的外觀讓人遠遠看到就印象深刻，小朋友更是迫不期待地衝上去玩，再由最高處的滑梯溜下。

★滾輪長滑梯

公園內有兩處長滑梯，一為滾輪，一為木板片，高度達15公尺，滑道長度50公尺，相當刺激。

★重心變化遊具區

看似單純的遊具，但變化豐富且考驗臂力。在設施之間移動身體，必須改變重心配合，是非常注重專注力的遊具。

★空地彩繪區

單純的公園柏油步道，但開放給小朋友隨心所欲地彩繪，讓公園也變成小孩的畫布，享受塗鴉的樂趣。

★彈跳床

就像其他公園一樣，園區也有三座中型的白色彈跳床，讓小朋友可以盡情跳躍。

★圓周式滑軌區

賽道式的繞圈滑軌區，可以一滑就繞一圈回來，連小朋友都覺得驚奇好玩！

★綜合鞦韆區

擁有一般造型以及包覆搖籃式的鞦韆，適合不同的年齡層玩樂。

★成人健康遊樂設備

不僅厚愛孩童，為了讓同行大人不無聊，這裡設置了6種成人健康遊樂設備，讓大人也能玩得盡興。

除此之外，園區也設置了高爾夫球場(需付費)、多用途球場等，也有設備完善的露營區和露營車營位，懶得搭帳還有設備完善的小木屋可以選擇，價格也不貴，非常適合三五好友一起來。

如何前往

自駕前往。距離網走市，以及女滿別空港都約15分鐘車程。

http www.tentland.or.jp ✉ 網走市字八坂1番地
☎ 0152-45-2277 ◷ 09:00～17:00(管理中心)，室外遊具開放期間為4月底～10月底(冬季期間不開放) 💲 遊具設施免費
MAP P.151 | Mapcode：305 554 769*82

2

3

4

5

6

1.綜合鞦韆區
2.大鳥籠區
3.空地彩繪區
4.戶外區全景
5.圓周式滑軌區
6.彈跳床

北海道歷史 HISTORY

北海道，原是愛努族的居所，剛開始並不屬於日本領土，直到距今1,200年前才有大和人避難登陸，後來德川幕府為了掌握北方的資源，組織了探險隊前往勘查，像間宮林藏、松浦武四郎等人都曾探訪過北海道和庫頁島，並製作了地圖、天然資源分布圖等非常多珍貴的資料。

後來幕府為掌控資源，在松前成立藩所控制北海道，高壓政策引發了幕府與愛努族的衝突；松前、函館也是新舊政府衝突最後的戰場，戰後明治政府大舉開發北海道，將北海道的首都遷移到札幌，並廣建鐵公路以方便資源運輸，展開了「開拓時代」。

由於日、俄邊界與資源的爭奪，引發兩國之間多次的衝突和協調，甚至導致日俄戰爭。至今，北方四島的主權爭議還懸而未決，這將是兩國未來必須努力解決的議題。

| 誌 | 麟 | 姊 | 姊 | 說 | 故 | 事 | ❶

北海道原住民「愛努族」(Ainu)

愛努族分布在日本北東北、北海道、庫頁島南部、千島群島及堪察加半島等地，是日本唯一的原住民族，現今在阿寒湖有北海道最大的愛努部落。

愛努族黑髮卷曲，濃眉大眼，五官深邃，身體多毛，和大和族的輪廓差異很大(這讓誌麟姊姊想起電影《羅馬浴場》，阿

愛努民族博物館內的村落

部寬稱大和族為「扁臉族」的有趣劇情）。女性在嘴部及腕部有刺青，男性蓄鬍，重要儀式時，男性會配戴用樹枝藤蔓編織的頭冠，頭冠中央用熊、鷹等動物裝飾。日常食物來源以漁獵(鮭魚)、狩獵(熊、鯨魚與蝦夷鹿)及採集山菜為主。

對崇敬神明的愛努人來說，萬物皆有神明的靈體(少數例外，例如他們認為狐狸是狡猾的象徵)，特別的是，他們還有「熊的送靈儀式」(將冬季抓到的小熊飼養後，送回神國的儀式)，以慰藉神明。

相對於眾「神」，他們自稱為愛努(ainu)，就是愛努語「人」的意思，但就像台灣原住民不喜歡被稱為山地人，很多愛努人也不喜歡這個稱呼，而是希望人們稱他們為

愛努族「熊的送靈儀式」(圖片取自wikimedia)

愛努族(圖片取自wikimedia)

「ウタリ」，也就是愛努語中的「夥伴」。愛努語沒有文字，因此歷史是以口述和歌舞的方式傳遞下去。

※ 大和族與愛努族的衝突

這兩個種族的戰爭，大部分的起源都是來自於經濟的紛爭，也引發了不少大大小小的衝突，比較大型的衝突有三場。

- **胡奢麻尹之戰(コシャマインの戦い)：1457年發生於渡島半島的戰役。**
- **沙牟奢允之戰(シャクシャインの戦い)：發生於江戶時代1669～1672年間。**
- **国後、目梨之戰：發生於1789年蝦夷地的国後島(クナシリ)。**

造成衝突的原因大部分起源於大和人與愛努人的商業糾紛，其中最常見的導火點就是「場所請負制」這個非常壓榨愛努人的制度。

德川幕府時代由松前藩負責管理北海道，但由於當時北海道不產米，但家臣的俸祿是以發放米為主(就像加賀百萬石，藩的大小是以產米數量決定)，藩主拿不出這麼多米，就分割一些領土賜予家臣，並允許家臣和愛努族人進行商業交易，這些交易的地方就稱為「場所」，擁有場所的家臣就稱為「知行主」。有些知行主懶得管理，只要商人繳納「運上金」，就把交易控制權賦予商人，這樣把權力下放給商人的制度就是場所請負制。

由於商人握有主動交易的權利，商人們便單向剝削愛努人的利益，也為了方便控制，禁止愛努人學日語，商人權力甚至大到可以掌握生死，但松前藩主卻置之不理。遭受不對等待遇的愛努人心生不滿，導致常有衝突，甚至引發戰爭。

※ 新政府與愛努族的衝突

明治政府為了同化愛努人，在生活方面最初以獎勵農業、鼓勵說日語、使用日本姓氏、禁止刺青與掛耳環等措施，試圖改變愛努人的外觀與生活方式；另又以保護動物為名義，禁止愛努人使用傳統的毒矢等工具進行狩獵。

官方一方面將兵役、課稅等法規套用在愛努人身上，使其成為天皇臣民的一員；另一方面卻以「舊土人」這樣歧視性的用詞來區別愛努人與大和人。

在文化方面，對愛努人施以「教化」，灌輸天皇制度，像是由開拓使遴選愛努人上京參見皇居，安排學童至學校修習日文與農牧相關的技術知識，希望能同化愛努人。

事實上，勸農政策效果不彰，因為大部分的愛努人難以適應農耕生活，生活陷入貧困，再加上移居所面臨的氣候與生活環境的改變，很多人因水土不服或是染病而死，使原本族群不大的愛努人，在北海道的開拓過程中，人數慢慢減少。

1869年政府進一步在未經協商的情況下，強硬收歸蝦夷地，改名為北海道，並進行開拓工程。包括指派開拓使、吸引本州移民到北海道，引進漁業權與土地私有制度。同時以保護私有財產為理由，推行地區性的禁獵和捕魚，這大大影響了愛努人原本的生活方式。而「土人」、「少數民族」與「落後文明」的標籤則持續貼在愛努人身上。

※ 北海道舊土人保護法

1899年政府頒布《北海道舊土人保護法》。法律條文表面上在土地、醫療、教育等方面給予愛努人援助，看似保障了生活，但實質上是對愛努文化的嚴重威脅。

根據第1～4條法令：「舊土人中欲從事農業者，家庭單位可免費得到1萬5千坪土地。」貧困的舊土人更可獲得農具與種子等耕種必需品。雖然看起來是為了解決愛努人貧窮問題給予援助，然此法亦進一步限制愛努人原本的土地發展。第3條法令更指明，若15年內不開墾土地，政府會收回土地；在原有土地受到政府限制下，愛努人只能依照政府安排在新土地從事農業，滿足政府的控制。

但不少愛努人分配到的土地屬於荒僻地段，不僅地理位置偏遠，亦難於耕種。政府透過禁止狩獵捕魚，與提供鼓勵農業資助雙管齊下，希望達到大比例的產業轉型，卻忽視計畫若失敗的後果。1922年一份與愛努人職業有關的調查報告顯示，只有不到20%的愛努人轉為務農。當時不少人既無法繼續從事漁獵業，亦未能成功轉型為務農者，使得貧困問題日益嚴重，人口數量也逐漸減少。

愛努人的住屋模型(チセ)

在松前跟大和人交易的愛努人(圖片取自wikimedia)

法令第5～6條為了救助福利政策，為無法負擔醫療藥物與埋葬費用的愛努人提供援助，但又列明援助金是由北海道舊土人共同財產承擔，明治政府只有在經費不足時才會動用國庫，顯示政府的實質資助其實很少。

第7～9條與愛努學童的教育有關。根據法令，政府會以國庫經費為貧窮家庭的愛努學童提供學費，亦會在舊土人村落中建立小學。但其實當時的學校教育，是以「皇民化」與教導配合政府規畫的知識為主。縱使政府協助愛努人接受教育，但教育的性質與政府的目的，只是更大規模地要將愛努人同化，抹煞愛努人的文化。

※ 愛努族相關年表

- 1903：大阪博覽會與1904年的美國聖路易國際博覽會中，日本安排愛努人作為代表「落後野蠻人族」的展示品，引發愛努人心中憤恨。
- 1946：北海道愛努人召開了「全道愛努人大會」，大會以愛努人的教育、福利、保健設施等作為主要議題，並成立「社團法人北海道愛努協會」。
- 1961：協會更名為「北海道同胞協會」，對與愛努族相關的問題做出積極努力。
- 1976：北海道白老町興建愛努民族博物館，使用愛努語命名為「Poroto Kotan」(現已閉館，預計2020年重新開放)。
- 1984：北海道同胞協會要求日本政府制定「愛努新法」，以取代《北海道舊土人保護法》，並進行激烈的抗爭運動。
- 1997：日本政府通過《愛努文化振興法》，取代民族歧視意味濃厚的《北海道舊土人保護法》。
- 2008：日本政府在八大工業組織會議(簡稱G8)中，首次承認愛努人為原住民。
- 2019：北海道如今約有2萬5千位愛努人。

誌麟姊姊說

在日本「單一民族國家」的精神作祟下，政府不是保護原本住在領地上的愛努人，而是利用高壓政策想辦法同化並排擠愛努文化。在絕對弱勢的情況下，愛努人只能無奈接受被同化的結果，這是愛努人的悲情，也希望政府能引以為戒，別讓台灣的原住民遭受相同的待遇。

愛努人用樹皮纖維製成的傳統服飾

愛努人的傳統獨木舟

間宮林藏

來到北海道極北點宗谷岬的人,通常都會跟極北的三角形地標拍一下照,順便買個到達證明。如果有時間,請多留意一下地標左邊那位穿著武士服、遙望北方海峽的銅像,這是為了紀念間宮海峽的發現者──間宮林藏200歲誕辰時所建立。

18世紀,俄國加強對庫頁島、千島群島以及蝦夷地的勘測偵查,表露對領土的野心。為此,德川幕府也派出考察隊,加強對這區的統治權,間宮林藏就是在這種時空背景下被幕府正式錄用,任職於蝦夷地。他在函館見到了前來測量經緯度的伊能忠敬,建立了師徒關係,也參加了對国後、択捉島和東蝦夷地的勘查工作。

☀ 樺太島探險

1808年,林藏前往樺太(庫頁島)進行勘

宗谷岬的間宮林藏立像

測和偵察,了解俄國的邊界和擴張情況。他沿東岸前進,因無法繞過北知床岬,於是越山穿過樺太,到達西岸後再北上。

同年7月他再次踏上北上行程,從宗谷出發,沿著樺太西海岸一路北上,到達樺太中部。後來因天氣寒冷和食物匱乏,只好返回樺太南部。隔年,林藏出發繼續北上,穿過韃旦海峽(就是以他為命名的間宮海峽),到達樺太北端,確認了庫頁島並沒有和陸地相連。

林藏在工作之餘,還大量種植樹木、開墾良田,對於後來日本對北方領土的開拓,有重大意義。現在,在北海道神宮裡,除了奉祀歷代天皇以外,也供奉間宮林藏和伊能忠敬,以表達對北海道開拓者的崇敬。

松浦武四郎

適逢北海道命名150週年和松浦武四郎誕生200週年紀念,誌麟姊姊就跟道友介紹一下北海道的命名者松浦武四郎吧!

☀ 生平和遊歷

幕末維新時代,松浦武四郎出生在伊勢國(現今三重縣松坂市),雖然身體瘦小,但精力旺盛,可日行60~70公里,19歲就完成四國88所靈場巡禮,20歲繞行全九州,70歲還能完成富士山登頂,體力驚人。

武四郎對任何事物都抱持熱情探險的心,一生奉獻給三件事物:旅行、黑船來航情報蒐集,和古物蒐集。非常喜歡旅行的他,足跡北達庫頁島南部、北海道、東北、北陸、本州、中國四國到九州都曾踏訪,連南千島群島、利尻島、礼文島、佐渡島、對馬都曾坐船遊歷。

位在道之駅おびら鰊番屋的松浦武四郎立像

※ 探索北海道

武四郎在1845～1858年間6次調查北海道，前三次為自行探查。

- 1845：第一次從江差上岸，沿海岸線南下到松前、函館，經洞爺、登別、釧路，一直到根室、羅臼和知床半島等東蝦夷地探訪（還坐船到奧尻島）。

- 1846：第二次從松前上岸，足跡遍布整個道南、西岸日本海和東岸鄂霍次克海，一直北上到南樺太（庫頁島南部），當然也去了利尻、礼文兩島。

- 1849：第三次從松前上岸前往函館，搭乘長者丸號前往北方四島的国後、択捉。

他將這三次蝦夷地探查寫成《蝦夷日誌》，內容共35卷，分為出航（12卷）、再航（15卷）、三航（8卷），並對松前藩的統治狀況、愛努族受到松前藩「場所請負制」壓榨導致的貧困現象，還有海防問題有諸多闡述。

後三次是受幕府雇請，分別在1856、

1857、1858連續三年前往北海道探查，在1856年3～10月繞行北海道一周，最後一次更深入內地，前往石狩、十勝、網走等地，並回溯日高主要河川，這三次遊歷後總共提出了116卷報告書，關於蝦夷的地理、各地物產，和愛努族的現況等都有詳細的調查和描述。

由於當時北海道尚未開化，這6次的蝦夷地探查，不管在飲食、住宿各方面，如果沒有愛努族的多方幫忙，根本不可能完成，這也造就了武四郎跟愛努族不可切割的感情，所以在明治2年就任開拓判官一職後，因為政府一直想加速北海道的開發，但他認為開拓事業無疑間接剝削愛努人的生活空間，故於明治3年3月辭任開拓官一職。

武四郎跟愛努族關係深厚，據其編著有關天塩河探險的《天塩日誌》記載，住在這附近的愛努族長老教過他愛努語，但由於該語言沒有文字，所以他幫北海道的很多地方、山川等眾多名詞，用愛努族的發音加註了漢字（如《後方羊蹄於路志》便有記載蝦夷語便覽；便覽意為說明書），也透過觀察愛努部落的生活形態，構想了北海道的地區劃分。

※ 為北海道命名

在擔任開拓官期間，武四郎擔負蝦夷地重新命名的任務，參考「五畿七道」的命名原則，在1869年向明治政府提議了「日高見道」、「海北道」、「海島道」、「東北道」、「千島道」、「北加伊道」6個命名提案，之後決定以「北加伊道」（其實「加伊」是愛努語「土地」的意思）的命名為基礎，命名為相同發音的「北海道」（因為日語「加伊」和「海」發音相同），並劃分了11國、86郡的行政區域。

※ 晚年生活

松浦武四郎晚年熱衷於古物收集，舉凡勾玉、古錢、古物、古鏡、石器、土器、神像、古畫等都在蒐集名單內，具有強烈的蒐集癖，甚至到了偏執的地步，所以當時有個「乞食松浦」的惡名。

69歲時，武四郎在其東京神田的自宅東側增建了書齋，部分材料運用了各地友人贈送來自伊勢神宮、建仁寺、春日大社、出雲大社、太宰府天滿宮等神社古刹的古材，書齋面積只有一塊榻榻米大，松浦武四郎自稱為「一疊敷」。

1888年他因為腦溢血倒下，也無法進行原本預定第四次大台ケ原的行程。後來依照其遺言，利用部分「一疊敷」的古材火葬。

※ 紀念館與紀念碑

武四郎家在關東大地震，及二次世界大戰東京大空襲中兩度燒毀，但其地圖、日記和書冊等珍貴史料都很幸運地保存下來。平成6年在其出生地設立了松浦武四郎紀念館，後代在平成16年將武四郎留下的資料寄贈。另外，公益財團法人靜嘉堂(岩崎彌之助設立)也保存不少他的遺物。

道北音威子府這個地方，為了紀念松浦武四郎，由村里的熱心志願者於1995年設立了「北海道命名之地」紀念碑，北海道政府於2011年重新翻修。

北海道博物館，松浦武四郎誕辰200年紀念展

新舊政府的衝突

蝦夷共和國，是殘餘舊幕府勢力為抵抗明治政府，以五稜郭為根據地，在1869年箱館(函館市)成立，為亞洲第一個民主共和國，但僅存在125天。這也是一段不可不知的北海道歷史。

※ 蝦夷共和國建立背景

1867年，德川慶喜聽從勝海舟建議，實行大政奉還，江戶無血開城，明治政府建立。後來新舊政府爆發戊辰戰爭，最後幕府軍戰敗，但是代表守舊幕府勢力的榎本武揚、大鳥圭介等人不願投降，帶領8艘軍艦北上蝦夷地。新撰組副隊長土方歲三與擁護幕府的軍隊和武士約3,000人，跟隨榎本武揚前往北海道，從森町的鷲之木上陸，旋風般地占領了箱館、松前兩處為根據地，並拿下重要港口江差。

明治元年12月15日舊幕府軍平定蝦夷地，成立蝦夷共和國，並舉辦亞洲第一次的記名選舉，開票結果，由榎本武揚以156票高票當選總裁，大鳥圭介就任陸軍奉行(類似陸軍總司令)，土方歲三就任陸軍奉行並(類似陸軍副司令)，並獲得英、法兩國的承認，成立蝦夷共和國。明治政府大為震驚，指派外務卿岩倉具視透過外交管道，要求歐美各國撤回「中立承認」，隨即發兵討伐。

※ 戊辰戰爭的終結「箱館戰爭」

箱館戰爭是新舊政府戊辰戰爭的最後一場戰役，發生於明治元年(1868年)10月21日～明治2年(1869年)5月18日。最後榎本武揚等人投降，戊辰戰爭宣告終結，也開啟了

明治新政府的時代。這場戰爭中的重要事件如下：

• 開陽丸沉沒

自從舊幕府軍在鷲之木上陸以來，都是以陸戰為主，軍艦只在松前城攻略時援護砲擊，海軍對此不滿聲高漲。為安撫海軍的不滿，榎本武揚決定讓海軍最強軍艦開陽丸開往江差，在江差攻奪戰中實施海上對陸砲。

當時土方歲三逼近江差，松前兵不戰敗走，舊幕府軍無血占領江差。不料當夜天候劇變，狂風巨浪使開陽丸觸礁。回天丸與神速丸為營救開陽丸也來到江差，結果神速丸也觸礁，兩船遭難，使得舊幕府軍威力大減，失去制海權。

• 宮古灣海戰

明治2年3月，箱館軍收到政府軍艦隊停泊在宮古灣的情報。立刻派出回天丸，由艦長甲賀源吾搭載海軍奉行荒井郁之助，和以土方歲三為首，由新選組、彰義隊等100名突擊隊員組成敢死隊，和僚艦「幡龍」、「高雄」一同夜襲新政府軍的最強旗艦「東艦」，想要奪走東艦。東艦由法國製造，是日本海軍的首艘鐵甲艦，覆有70～120毫米的鋼板，還備有格林機關砲，是當時日本國內最強的軍艦。

3月25日凌晨，回天丸衝入宮古灣，甲賀源吾勇猛地將回天丸的船首朝東艦的船腹衝入，準備登船占領東艦，但回天丸是「外輪船」(在船兩側裝著明輪的蒸汽輪船)，

1、2.箱館戰爭圖／3.打撈開陽丸時撈起的船砲／4.江差「嘆息之松」，此處為土方歲三看見開陽丸沉沒的地點／5.江差重建的開陽丸

因此不能與東艦平行接舷，只好衝向東艦右舷，但兩船甲板卻有約3米的落差，由於接舷面積狹小，高低落差又大，不允許大量的隊員攀登，加上東艦上的加特林機槍火力強大，突擊隊員紛紛中彈負傷，船長甲賀源吾手臂、胸部都被子彈貫穿，依然浴血指揮作戰，最後頭部中彈戰死，慌亂之中，荒井郁之助將回天丸開回函館。但同時「高雄」艦也遭圍攻，因擱淺被迫焚毀，蝦夷共和國自此徹底喪失海上優勢。

東艦照片(圖片取自／wikimedia)

回天丸攻擊東艦(圖片取自／wikimedia)

☀ 明治政府軍反擊

4月9日，新政府軍由江差北方的乙部上陸，成功占領江差；15日陸軍參謀黑田清隆率領2,800名士兵在江差上陸，兵分三路由松前道、木古內道、二股道圍攻箱館，20日成功占領松前，28日更從青森運了2,000名

士兵於福島上陸，雙方兵力越見懸殊。5月11日，對箱館發動總攻，從海陸兩方朝箱館壓迫。

反對明治維新，堅持理念的土方歲三決定以箱館為葬身之地，當時請人將愛刀「十一代和泉守兼定」和唯一的照片帶回故鄉，表示死意堅決，最後土方歲三一夫當關，於「一本木関門」力阻大舉進犯的新政府軍，卻不幸腹部中彈，落馬不治，遺體不知去向，享年35歲。

5月17日榎本武揚決定投降，五稜郭於5月18日轉交給政府軍陸軍參謀黑田清隆，蝦夷共和國結束，同時也代表「戊辰戰爭」的落幕。事後，黑田清隆一直為這些投降的舊幕府將領請命奔走，榎本武揚於1872年獲釋，參與北海道開拓工作，兩年後出任駐俄公使，訂定《庫頁島千島群島交換條約》立下大功，而大鳥圭介也成為日本駐朝鮮公使。

永嶌孟斎畫作《箱館大戰爭圖》(圖片取自／wikimedia)

☀ 戰爭中的溫馨插曲

箱館醫院院長高松凌雲，在箱館戰爭時以紅十字精神，強調醫院不武裝中立、敵我不分一律給予傷者治療。當殺氣騰騰的明治軍闖入醫院要求只能醫療我軍而引發爭吵時，薩摩藩士池田次郎兵衛認同院長高松凌雲的主張，在病院門前貼了「薩州隊改め」，禁止明治軍士兵干涉醫療。

但是高竜寺的病院負傷者就沒這麼幸運。這裡的傷兵都是箱館軍，明治軍攻入後放火燒寺，許多受傷無法動彈的箱館士兵遭到屠殺，死狀甚慘，後來有人在當地建立「傷心慘目の碑」，控訴明治軍的暴行。

箱館奉行所

箱館奉行所內的戰爭介紹

五稜郭塔1樓的土方歲三立像

北海道開拓史

北海道一開始的政治經濟中心在道南的松前、江差、函館等地，而那時札幌(當時稱為「琴似」)只是一個有武士駐紮的小村落。當時明治政府為了加強煤、木材、硫磺等資源的開發，函館地理位置太偏南方，掌控不便，將行政中心由函館移至札幌，也為了防範俄國的侵略野心，將本州失業的武士移居，執行屯田兵制，自力開田墾地，形成自給自足的莊園，同時可抵禦俄國的入侵，漸漸地札幌就開始興盛起來。

☀北海道的黃金時期

札幌開拓初期，聘請了箱館戰爭的英雄黑田清隆擔任札幌開拓長官，並投入1千萬元的「開拓使10年計畫」進行札幌開發，以及道路、港灣、鐵路的基礎建設為主，同時開採礦山、創立國營工廠、設置札幌農學校等建設。

黑田當時聘請了西方各領域的專家進行開拓建設，包括曾任美國農務局總裁的開普倫(Horace Capron)，以及協助開辦札幌農學校的克拉克博士(William Smith Clark)等人，導入西洋的農業經營模式與西式教育。同時也完成連接函館與室蘭的公路，以及札幌到小樽之間的鐵道。

開拓使札幌本廳舍

日本在西南戰爭後因為通貨膨脹，政府實行通貨緊縮政策，造成農產品價格狂跌，農村更加貧困。部分農民為求生計，選擇移民北海道另尋機會，政府也以贈送米、農具、種子和金錢補助等方式鼓勵移民。當時也利用北海道監獄所的重刑犯，從事鋪路、開採等苦力工作(網走監獄就是其中之一)。但開拓事業沒有想像中的簡單，尤其北海道幅員廣大，冬季氣候酷寒，即使投入大量人力和經費，成效仍然不彰。由於生活環境艱困，當時死了不少移民者和囚犯，但最終還是完成了如鐵公路鋪設的基礎建設。

網走監獄門口

北海道博物館，開拓時期的婚宴餐點

重現開拓時代的北海道開拓村

北方四島和庫頁島主權爭議

北方四島，又稱南千島群島，位在根室以東，由国後島、擇捉島、色丹島與齒舞群島組成(見P.42地圖)，日本和俄羅斯長期爭議其主權歸屬，現今是在俄羅斯的掌控之下，而以前稱為「樺太」的庫頁島，曾為日俄共管，現在主權也是歸俄羅斯所有。

☀ 日本和俄羅斯的恩怨情仇

遠在1855年，俄羅斯和日本兩國就簽訂了《日俄和親通好條約》，明定「今後日本國和俄羅斯國的疆界應在擇捉島和得撫島之間。擇捉全島屬於日本，得撫全島及其以北的千島群島屬於俄羅斯。至於庫頁島(樺太)，日本國和俄羅斯國之間不分界，維持以往之慣例。」以此條約，日本將北方四島劃入領土。

而後在1875年，由當時的北海道開拓使次官黑田清隆主導，派遣全權大使榎本武揚赴聖彼得堡與俄羅斯交涉簽訂《聖彼得堡條約》(樺太・千島交換條約)，此條約讓日本獲得堪察加半島以南、整個千島群島的主權，還有鄂霍次克海的漁業權和俄羅斯港口10年的免費使用權，交換條件為放棄對整個庫頁島的主權，日本從此條約獲得極大利益。

日本在日俄戰爭獲得勝利，1905年兩國在美國出面調停下簽訂了《朴資茅斯條約》，俄羅斯以北緯50

黑田清隆(圖片取自wikimedia)

度為起點，將庫頁島南部及其附近一切島嶼，包含一切公共營造物及財產之主權，永遠讓予日本政府，並允許日本國民在日本海、鄂霍次克海與白令海等俄國所屬沿岸一帶擁有經營漁業權，這是俄方很大的挫敗，也種下了兩國更深的嫌隙。

☀ 二戰後的情勢

1945年日本在二次大戰戰敗，宣布無條件投降，此時俄羅斯趁機出兵占領千島群島，土地主權問題在戰後的《雅爾達密約》、《波茨坦公告》與《舊金山和約》都無法順利解決兩國的爭議。為了解決領土問題，1956年蘇聯和日本原本要簽訂共同宣言，蘇聯方面提議將色丹島與齒舞群島歸還日方，俄方則擁有國後、擇捉兩島，試圖解決爭議，但卻遭美國阻撓，美國警告日本倘若放棄對國後、擇捉二島的主權聲索，則美國將可永久占領沖繩，導致日本放棄簽訂條約，之後兩國亦未簽署正式的和平條約，此事一直擱置至今。

而2013年，日本首相安倍晉三出訪俄羅斯，並會見俄羅斯總統普丁，北方四島領地問題慢慢露出曙光，俄方鬆口考慮先將齒舞群島歸還日本，但距離實現還有一大段路要走，日本國內的反對聲浪也不小，但總是一個機會，姊姊也在默默期待，有朝一日可以登上齒舞群島，踏上日本新的極東地標。

從納沙布岬望向北方四島

根室北方館

根室北方館，四島返還年曆

根室北方館，北方四島返還請願簽名人數統計

納沙布岬，四島のかけ橋

北海道地理

GEOGRAPHY

北海道位在日本最北端，為日本一級行政區，也是日本唯一以「道」取名的行政區。地理形狀像一隻雙蝙蝠缸，右方像頭部的兩個角，分別是知床半島和根室半島，左下方尾巴的部分是函館，上下兩翼分別是稚內和日高半島。

面積83,454平方公里，為世界第21大島，約2.3個台灣大，人口只有500多萬，不到台灣人口的四分之一。其中最大城市札幌人口數200萬，幾乎占了五分之二，也更顯偏鄉地區人口的稀少。雖然實際分為14個行政區域，但通常被簡單分為道南、道央、道東、道北4區(因為不是官方正式劃分，所以範圍不太固定)。

● 北海道分區圖

4大常用分區

✹ 道央 │ Douou

北海道交通、經濟和人口的中心,其實原本政經中心在道南的松前、函館,但由於這裡平原地區較大,可容納較多人居住,百年前才從函館遷移至此。最大都市札幌、港區小樽、農作區美瑛和富良野都在區域內。札幌本身有丘珠機場,而道內最大的國際出入口「新千歲機場」則在札幌東南方的千歲市,這一帶遊客眾多,是最主要的觀光地區。

✹ 道南 │ Dounan

位在北海道西南區,以函館為最大城市,為以前和本州的聯絡道,也是舊政府時期的政經中心,更是日本三大開港港口,充滿異地風情。而滑雪勝地新雪谷、工業城室蘭、最大溫泉鄉登別、洞爺湖、海岸線景觀豐富的積丹半島都位在道南,西南海岸線昔日以捕鯡魚繁榮一時,現在則是令人垂涎的海膽捕撈勝地。

札幌啤酒廠(圖片提供／趙靈)

✹ 道東 │ Doutou

大概以帶廣以東為道東的區域。帶廣位在廣大的十勝平原上,是全日本最大畜牧和農業產地,霧都釧路則是北海道漁獲中心;網走、道東三湖、根室、別海、羅臼與知床等自然保護區都在此,人口密度極低,但野生動植物資源非常豐富,常可遇見野生動物,像蝦夷鹿、狐狸、海鵰與棕熊都可發現其蹤跡。

✹ 道北 │ Douhoku

通常以旭川以北為分界,人口更為稀少,地形以山地丘陵為主,居民從事漁業捕撈和畜牧業,交通不便,氣候寒冷。東邊緊鄰鄂霍次克海,沿海的枝幸、雄武、紋別是螃蟹、扇貝等漁業捕撈王國;西邊是日本海,天塩、羽幌、留萌,過去都因捕撈鯡魚而致富;中間以農業為主的和寒、名寄、豐富,是北海道人口最稀少的區域,稚內則是道北最大的都市,也是前往利尻與礼文兩島的樞紐。

另外,北海道有5個住人離島,由北而南分別是礼文、利尻、燒尻、天売、奧尻,交通都必須依賴船運,雖然難以到達,但也因此維持了原始的自然和人文景觀,非常值得造訪,姊姊更建議,最好每個島都住個一晚,好好體驗當地的風土民情。

稚內的野寒布岬

北海道城市介紹

❋ 札幌 | Sapporo

札幌市現為北海道最大城市,是政治和經濟中心,也是交通樞紐。居民占北海道人口35%,為日本第五大都市。JR、公路都以札幌為中心放射出去,東南方的新千歲機場是軍民共用機場,整個北海道的空運主力就靠它,也是日本最繁忙的機場之一。

北海道原本的政治中心,是在船運方便的道南城市松前與函館一帶,當時札幌只是個小小的屯兵所,但新政府為了能實際掌握北海道資源,便在1869年將首都遷到地處石狩平原、腹地廣大的札幌,並規畫成現代化的棋盤狀城市,並以寬65米、東西約長1,500米的大通公園為界,將札幌劃分為南北二區,北方是官邸與市政廳等官方用地,南方則屬於平民區域,而大通公園就是「火防線」。

札幌也是外國觀光客最喜歡造訪的北海道都市,市內的円山公園、大通公園、北海道大學、狸小路、薄野、中島公園、時計台、舊道廳等遊人如織,而近郊的藻岩山更一舉打敗函館山,和長崎、神戶的夜景並列為2018年公布的新日本三大夜景。近郊也有非常多的觀光勝地,小樽、定山溪、支笏湖都很有名,可以跟札幌串聯起來,一同遊覽。

冬天的札幌也是滑雪勝地之一,1972年冬季奧運會就在這裡舉行,其中藻岩山、手稻、盤溪和國際滑雪場都是很好的滑雪場,現在札幌也正努力爭取2026年冬奧主辦權。而從1950年就開始、每年2月舉辦的札幌雪祭,更是北海道冬季最重要的觀光

1 2

3

活動，飯店一房難求。

至於美食，豐富而獨特的物產造成了特殊的飲食文化，札幌味噌拉麵、成吉思汗羊肉、札幌啤酒、湯咖哩、各式各樣的海鮮都令人垂涎三尺，也別忘了豐富的小麥產量造就了札幌「甜點之都」的稱號，蛋糕、麵包、鬆餅都讓遊客罹患選擇困難症，在札幌觀光，一天6餐好像只是常態，體重嘛，就暫時別在意了。

如果在札幌想要吃到活跳跳的生猛海鮮，那就來市場吧！札幌有兩大市場，分別是場外市場和二条市場。場外市場位置較偏遠，型態比較接近批發市場，價格相對低廉，也提供遊客現選，代客料理的服務，雖然用餐場地較為簡陋，但美食當前，誰會在意這麼多呢？二条市場則位在狸小路附近，交通方便，定位是觀光市場，商家經常是國語、台語、韓語、泰語一起並用招呼客人，親切感十足。

「YOSAKOI索朗祭」為札幌當地的祭典，起因是一群大學生參觀了高知縣的「YOSAKOI節」，也希望札幌擁有自己的熱鬧慶典，從1992年開始在大通公園附近舉辦，這種把高知的YOSAKOI和北海道的索朗曲結合，並使用「鳴子」當樂器結合成的舞蹈表演，充滿活力的舞姿搭配鮮豔的服飾及化妝，現已成為有3萬舞者表演、200萬人參與的大型慶典，每年在6月初舉辦，剛好在北海道的朋友一定要去感受熱鬧氣氛。

1、2.秋季的円山公園／3.秋季的中島公園／4.JR札幌站／5.札幌時計台／6.札幌市區夜景／7.札幌啤酒廠(圖片提供／趙霙)

※旭川 | Asahikawa

旭川人口約35萬，雖貴為北海道第二都市，但觀光客造訪度遠低於札幌，大部分的遊客僅將旭川當作前往旭山動物園、旭岳、美瑛、富良野和層雲峽等其他景點的中繼站，但相對也顯示了旭川在交通上的便利性。

由於鐵公路發達，不少遊客也會將旭川當作前往道北、道東的轉運站，而且當地的飯店價格比札幌低。旭川可逛的點不少，例如平和通買物公園、旭橋、雪之美術館、還有酒鬼最愛的男山酒造資料館等，冬季也有旭川冰季，雖然知名度不如札幌雪祭，但不用人擠人，也非常有趣。

旭川的天氣頗為特別。由於是盆地地形，溫差很大，曾在1902年4月1日記錄到-41℃的日本史上最低溫，但夏天氣溫卻經常飆破30℃，年溫差60℃是常態，在這裡生活，真的不容易。

在美食部分，旭川上方的劍淵、士別、名寄農產品豐富，南瓜、糯米和高麗菜等產量豐富，也飼養許多羊隻，所以成吉思汗烤羊肉非常有名，鮮甜的羊肉搭上甜美蔬菜，風味獨特，其中大黑屋是超級名店，排隊是司空見慣的事。另外，旭川拉麵的名氣可能還比札幌大，以醬油為基底，製作出五味俱全的美味拉麵，青葉、梅光軒、山頭火都是名店，為了方便遊客，還搞了個拉麵村，讓大家不用東奔西跑，一次滿足！

1.旭川火車站／2.大雪地啤酒館／3.旭川雪祭／4.旭山動物園冬季企鵝散步／5.旭川拉麵名店「青葉」

☀ 函館｜Hakodate

函館人口約26萬，是北海道第三大城市，自2014年開始，連續三年在日本「最具魅力市町村」排行榜中奪冠(2017退居第二，2018年又重回寶座)，在遊客心目中的地位不下於札幌。

函館三面環海，是天然良港，在幕府時期就和江差、松前同為北海道的三大商港，後因政治中心由松前轉來這裡，地位更加重要。《美日修好通商條約》簽訂時，它與橫濱、長崎同時開港，吸引了眾多外國人經商並定居，現在的元町地區即為當時的外國人居住地，可見西式建築群；加上港口需要倉庫，金森倉庫群也因而建立。而因運輸需要，開通了青函隧道，是聯絡本州的鐵公路樞紐，但因位置偏南，管理北海道不易，後來才將道政府遷到札幌，也使得人口不斷流失，形成隱憂。

函館也是個歷史城市，由於是幕府時期的主要港口、北前船停靠站，以及戊辰戰爭的結束之地，因此市區內有不少相關的歷史遺跡，例如五稜郭的箱館奉行所。五

函館啤酒餐廳，可現場喝，也可買整瓶酒

稜郭塔上也有箱館戰爭的詳細介紹，還有土方歲三最期之碑，連坂本龍馬也來插一腳，在函館也有個坂本龍馬紀念館，像誌麟姊姊一樣的歷史迷，保證流連忘返。

由於開港的影響，這裡富有浪漫的異國情懷，金森倉庫群、八幡坂、元町、外國人教會群都很吸引人。函館山雖然已被藻岩山搶走日本三大夜景名號，但仍是姊姊心

春天櫻花盛開、綠意盎然的五稜郭

1.金森倉庫群(圖片提供／趙霆)／2.函館山夜景／
3.函館朝市

中的北海道No.1；五稜郭的春櫻和冬季夜
間點燈也很迷人。離大小沼公園、女子修
道院、惠山、松前也都不遠，可以安排放射
狀行程，好好玩幾天，回來累了，泡泡谷地
頭溫泉和湯之川溫泉，讓自己放鬆一下。

函館美食真是道也道不盡——朝市琳瑯
滿目的海鮮，帝王蟹、海膽、現釣花枝，還
有色彩繽紛的海鮮丼等，讓你一早就補充
膽固醇；函館的鹽味拉麵也和札幌、旭川
齊名，滋養軒、彩未、かもめ這幾家都遠近
馳名；小丑漢堡、五島軒咖哩、長谷川商店
等，讓遊客從早吃到晚；別忘了用函館啤酒
當消夜，吃飽喝足，睡覺才不會空虛寂寞。
最後，如果有機會，一定要跑一趟女子修道
院，品嘗號稱全北海道最好吃的霜淇淋！

☼ 稚內 | Wakkanai

稚內人口約有3.6萬，雖不算多，但在這
緯度超高、年均溫只有7℃的不毛之地，能
聚集這麼多人也算奇蹟。位處鄂霍次克海
和日本海交接處，漁業發達，也和俄羅斯有
不少經濟活動。

由於地處日本最北，很多地方都冠上「日
本最北」的稱號，讓觀光客如蛾遇光一樣，
不由自主飛撲而來，像最北車站、最北麥當
勞、最北防波堤、最北神社等，讓人像蒐集
卡片一樣，不集滿誓不罷休。擁有日本最北
地標的宗谷岬也離此不遠，那裡的「最靠
北」花招更多，最北食堂、最北加油站、最
北郵局、最北廁所，還賣一堆最北證明、卡
片、木牌、鐵牌、毛巾等，連餅乾等伴手禮
都標上最北名號。

　　觀光方面，青少年科學館、寒流水族館、野寒布岬、稚內車站、最北防波堤、稚內公園都是熱門之地；稚內港是進出利尻與礼文兩島的交通要道，所以也有不少遊客。

　　稚內的牛乳因寒冷天候，乳脂肪超高，擁有不小名氣；放牧在廣大宗谷丘陵的宗谷黑牛，數量稀少但美味無比。從利尻和礼文兩島運來的美味海膽，也令道內其他地區望塵莫及。最後，由於和俄羅斯多年來的恩怨情仇糾葛不清，這裡也住了不少俄羅斯人，市街上自然也可見不少俄羅斯餐廳，形成了另一種特殊風貌。

1.日本最北端之地紀念碑／**2.**日本最北宗谷岬禮品店／**3.**稚內最北防波堤／**4.**稚內火車站與最北鐵路路線／**5.**野寒布岬(圖片提供／王小凱)

北海道花種介紹

北海道四季分明，大部分花卉都集中在4～10月春夏之間綻放，除了道央著名的人工花田外，也有許多自然的原生花園，而隨處綻放的魯冰花，札幌市花紫丁香，北海道道花「濱茄」也都可以輕易欣賞得到，夏天的北海道，真是花海的國度啊。

櫻花 | Sakura

日本春天最具代表性的花種非櫻花莫屬，由於北國冬季較長，櫻花約比本土晚一個月，約落在4月底～5月之間綻放，甚至到6月初都有機會看到晚開的櫻花。

松前城、函館的五稜郭、日高的二十間道路櫻並木，以及札幌的北海道神宮和円山公園，塩狩的一目千本櫻等都值得一去。

🚩 日本氣象協會櫻花情報：tenki.jp/sakura

1.松前城櫻花／2.滝川油菜花／3.東藻琴芝櫻公園／4.網走小清水原生花園／5.北海道道花——濱茄／6.富良野彩香之里薰衣草／7.美瑛四季彩之丘

芝櫻 | Shibazakura

芝櫻緊接著櫻花季登場，是北海道另一種春天代表性的花種。芝櫻其實是一種草花植物，春天會綻放粉紅、紫與白色的花朵，當滿開的芝櫻覆蓋整座山頭，視覺比櫻花更具衝擊性。

🚩 網走東藻琴芝櫻公園：www.shibazakura.net
🚩 紋別滝上芝櫻公園：ppt.cc/fsUdHx
🚩 新雪谷三島先生芝櫻庭園：ppt.cc/fNTc7x

鬱金香 | Tulip

位在上湧別，國道242旁的開闊空間，種植了200種、120萬株的鬱金香，5月下旬是最漂亮的季節，搭配上風車造型建築，有如置身荷蘭的錯覺。

🚩 湧別町鬱金香：www.town.yubetsu.lg.jp/tulippark

油菜花 | Nanohana

位在滝川市江部乙町，由於是輪作植物，所以每年位置不盡相同，花期只有短短一週，又怕下雨，所以很賭人品啊……

🚩 滝川油菜花：www.takikawa-nanohana.com

❀ 薰衣草 | Lavender

夏天的北海道是屬於薰衣草的紫，尤其是富良野，在19世紀初開始種植薰衣草後，蓬勃發展，現在已成為北海道夏天最大的台柱，吸引眾多遊客前來欣賞。

http 富良野薰衣草：
www.kamifurano.jp/lavender2018/5534

❀ 離島高山花卉 | Mountain Flowers

原本在海拔1,500公尺以上才有機會欣賞的高山花卉，由於礼文和利尻兩島的高緯度和特殊氣候，在平地就能親見這些高山花卉爭奇鬥豔。

http 礼文高山花卉：www.rebun-island.jp，點選「花情報」

http 利尻高山花卉：www.rishiri-plus.jp，點選「島の花」

❀ 原生花園 | Native Flowers

遍布在道東和道北的原生花園，雖然沒有富良野人工種植的花海美麗，但這可是真正在地的原生種花卉，不經雕琢的美景，更讓人覺得感動。

http 小清水原生花園：ppt.cc/fEAxEx

http 利尻礼文サロベツ國立公園：
www.sarobetsu.or.jp/center，點選最右邊「サロベツいきもの図鑑」(佐呂別濕原動植物圖鑑)

http 礼文島觀光協會：www.rebun-island.jp，點選「花の浮島」

❀ 向日葵 | Himawari

提到向日葵，就不得不介紹北竜町，擁有日本最大(占地23公頃)，種植了約30種、150萬株的向日葵田，每年7～8月都吸引超過20萬名遊客參觀，成為地區的金雞母，另外位在名寄的MOA農場名氣雖低，卻擁有多達500萬株的向日葵園。

http 北竜町向日葵之里：hokuryu-kankou.com

❀ 蕎麥田與馬鈴薯田 | Soba & Potato Fields

美瑛、新雪谷擁有大片的馬鈴薯田和蕎麥田，這些經濟作物同時開花的景象也令人流連忘返。但請注意，農田種植的都是農民賴以為生的經濟作物，請遵守規定，千萬不能踏入農田內拍照。

如何前往北海道

※ 台灣直飛

台灣飛往北海道的班機很多，傳統航空公司像長榮、華航有桃園直飛新千歲的班機，華航還有高雄直飛新千歲的航班，不用大老遠跑到桃園搭乘，節省許多時間和精力。

廉航也是百家爭鳴，樂桃、虎航與酷航都有直飛新千歲：樂桃的行李規定計件又計重，比較麻煩；降落旭川和函館是虎航的優勢，但因為傾向和旅行社合作，以釋出團票為主，所以價格不很親民，也不容易買到票；酷航是姊姊比較常利用的廉航，使用787大型客機載客，放票數量很阿沙力，寒暑假也不吝於放票，有時還可以超低價購得商務艙機票，深得預算不多的道友喜愛。

酷航飛機

※ 日本轉機

　　台灣到新千歲飛行時間大約4小時左右，有點長又不會太長，有些人買不到價格合理的直飛機票，或是想到其他地方玩一下再前往北海道，也可以選擇轉機，像是仙台、名古屋都有班機飛往新千歲。大部分遊客轉機都在關西和成田這兩大機場，班機選擇最多，但因為是國際線接國內線，所以必須先入境，把行李取出，再乘坐國內線，所以轉機時間最好抓2～4小時以上。

　　另外有些遊客選擇轉機的一大因素，是想乘坐JAL與ANA國內線，這兩家日本航空公司班機可以飛往道東的女滿別、釧路、中標津等機場，也可飛往稚內機場、甚至離島的利尻機場，節省許多內陸交通的時間，轉機旅客只要出示任一家國際線航空票，就可以¥10,800的優惠價購買前往北海道任一個機場的機票，另外如果不想浪費時間在道內乘坐火車與公車等大眾交通工具，也可以¥5,400購買道內機票，由新千歲或丘珠機場前往北海道任一機場，但只限外國人呦。

http JAL外國人優惠官網：www.tw.jal.co.jp/world/zhtw/japan_explorer_pass/tw

http ANA外國人優惠官網：www.ana.co.jp/zh/tw/promotions/share/experience_jp

JAL官網

※ 日本郵輪

　　從日本國內也可乘坐遊輪前往北海道，例如從名古屋經仙台到苫小牧的太平洋郵輪，航程長達40小時，但住宿和娛樂費用全包；另外也可乘坐從茨城的大洗港到苫小牧、單程19小時的三井渡輪。搭郵輪雖然時間相對比搭飛機長，但也是一種特殊的體驗。

http 太平洋郵輪：www.taiheiyo-ferry.co.jp/chinese

http 三井渡輪：www.sunflower.co.jp/tw

三井渡輪官網

※ 日本鐵路

　　如果要使用鐵路從本州前往北海道，也可購買「JR東北‧南北海道周遊券」，或是「JR東日本‧南北海道周遊券」，享受新幹線的平穩舒適，也能感受充滿浪漫情懷的鐵路旅行，但新幹線只到新函館呦！

http JR東日本官網：www.jreasthokkaido.com/tc

新幹線列車

行前準備

著手準備國外自助旅行，流程不外乎以下四大項目：

1. 訂機票：選擇航空公司，班機時間，是否要規畫異點進出等。

2. 排行程：將行程安排順暢，不要太趕，也不要折返跑，避免浪費時間。

3. 找住宿：根據行程，圈出住宿地點，並找出自己喜歡的住宿等級。

4. 打包行李：盡量攜帶易乾衣物，就算是夏天，禦寒衣物也不可少。

※ 安排行程

排行程算是比較麻煩的事，北海道是世界第21大島，除非有數十天的旅遊時間，不然請不要貪心，分區玩才是王道，行程安排可從以下著手：

1. 旅遊天數：不要貪心，有幾天就玩多大的區域。

2. 想去哪裡：找出自己想要玩的景點和想看的事物。

3. 路線規畫：盡量以繞圈的路線旅遊，不要折返跑。

4. 季節考量：不同季節，白天能玩的時間不同，移動速度也不同。

5. 移動距離：規畫適合的移動距離，才不會越玩越累。

6. 同行旅伴：同行旅伴的移動能力、體能或需求，也要列入考量。

※ 選擇住宿

住宿選擇多樣，對日文不熟的人可以請旅行社代訂，但收取的手續費不低。也可善用一路東瀛、agoda等中文訂房網，但可選擇的住宿種類和方案相對較少。誌麟姊姊日文只有50音程度，但因為熟悉日文介面，所以喜歡使用樂天、Jalan、一休等日文訂房網訂房，合作飯店較多，方案也較多樣，有時還會不定期發放折價券，算是小確幸。

http 一路東瀛：www.japanican.com/tw
http 樂天：travel.rakuten.co.jp
http Jalan：www.jalan.net

樂天訂房官網

除了慎選旅伴，也要記得行前多溝通

氣味相投的旅伴會讓旅程更有趣

※ 行李打包

行李打包是一門大學問，若是旅行天數越多、要去的區域溫差越大，越難準備。誌麟姊姊喜歡在旅途中安排附有洗衣設備的住宿點，這樣可以減少攜帶很多的衣物；準備一件防水外套和輕羽絨外套，體積小又輕，攜帶方便，然後備上一些夾鏈袋，可以分類兼減少體積。另外，也可帶幾個旅行摺疊收納袋，如果能結合行李箱拉桿更好，移動相對輕鬆。

冬天玩雪，防水的外套、手套、鞋子不可少，襪子也最好多備幾雙，冬天襪子濕了可不是開玩笑的事，北海道以乾雪為主，玩雪後記得拍拍身上的衣物，讓雪掉落，免得體溫將雪融化，導致身上衣物潮濕。

行李箱的尺寸和重量航空公司可是斤斤計較，行前請參照各家航空公司規定，尤其是登機箱，長、寬、高每一邊都不能超出規定，否則不能手提上機。託運行李和隨身行李的件數和重量規定也不同，請多加注意，最好自己買個行李秤，免得在機場櫃檯因為超重東挪西挪，耽誤行程，甚至還可能被收取高昂的超重費，不可不慎。

正確的衣著和裝備會讓你玩得更自在

旅遊風險規避

台灣每年出國突破1,500萬人次，由於氣候多變或是人為影響，許多意料外的旅遊風險逐漸凸顯，到底要如何準備，才能避開旅行發生的種種風險，讓你無後顧之憂？首先，要清楚自己在旅途中想要避免哪些風險，進而事先規畫，規避風險。

• 旅遊中常見的風險

1. 班機或大眾運輸延誤或取消。
2. 旅遊中發生重大災害或變故。
3. 海外不幸染病或受傷的醫療。
4. 行李意外延誤、遺失或缺損。
5. 貴重品遭遇意外失竊或強盜。

針對旅遊容易發生的問題，進而審視自己的保險是否涵蓋這些理賠項目，讓自己能玩得快樂，玩得安心。

※ 刷卡附贈的旅遊綜合險

大家都知道刷卡買機票會附贈旅遊綜合險，但由於銀行獲利逐年下降，導致提供的保險給付條件漸趨嚴格，尤其是全程海外傷害醫療，或是海外突發疾病，通常不在保險範圍內，加上不同發卡銀行、不同等級的信用卡，保險內容及額度也不盡相同，常常令人一頭霧水，容易產生認知誤差，甚至是財產損失，不得不慎。

• 信用卡旅遊綜合險成立必要條件

常見以同一張有效之信用卡支付持卡人本人、持卡人於承保事故發生時之配偶及未滿25足歲之未婚子女，全額之公共運輸工具票款或80%以上之旅行社團費，才能享有信用卡贈送的保險保障。

• 信用卡常見未能理賠狀況

1. 委託他人或合購機票，而刷卡者並非以上關係者。
2. 使用累積里程，換購單程機票或是升等機票。
3. 旅行團團費部分刷卡、部分付現，刷卡金額未達80%。
4. 未使用同一張信用卡支付所有的機票費用。
5. 班機取消後退費，導致信用卡保障失效無法理賠。

因此，若以上提及的信用卡附贈保險逐年縮減無法避免，建議你自行投保旅遊不便險來規避風險。

※ 自行投保

經營旅遊平安保險相關業務的保險公司，分成壽險公司的「旅平險」和產險公司的「旅平險＋不便險」，兩相比較，產險公司多了旅遊不便險，強化了旅程上的一些保障。

• 選擇旅遊不便險的原則

1. 預定行程延誤的可理賠時間越短越好，但理賠金額也必須納入考量。
2. 選擇出發段的班機延遲也能納入理賠，最好不用報到即可理賠。
3. 行程延誤實支實付的理賠金額越高越好，因為要支付更改班機、食宿和交通等費用，總價不低。
4. 投保門檻越低越好。由於不便險通常附加在意外險主約下，所以主約限制越少，額度越低，保費支出就會越低。
5. 未成年被保人的理賠：雖然孩童可能食宿費用不高，但為了支付旅行交通工具

的票差，所以保險內容最好能納入，每個孩子要有同樣的不便險理賠。

• 投保方法

可選擇委託專人投保、線上投保、機場櫃檯投保，或是申辦旅平險會員的方式投保，價格、方便度不同，請自行判斷選擇。

※ 出險原則

旅平險醫療部分目前大部分都可以副本理賠，但不便險的部分依照產險損害填補原則，收據應該都會要求正本，但有提供定額理賠的不在此限。

每家保險業者都有公告的條款及核保原則，請詳閱官網上的條款，或是與熟悉條款的業務人員確認清楚，不要為了便宜的保費在網路上投保，結果需要時找不到人詢問。

特別重要的是，因為很多事故發生在海外，自身安全及證據的保留要靠自己，並在事件發生時多留意，記得申請相關證明文件或詳細收據，避免發生回國後無法理賠的憾事。

旅遊不便險服務

富邦旅遊好FUN心服務團隊@Line

線上專人一對一，協助旅程前用最優惠便捷的方式投保，旅程中遇緊急狀況的應變處理與諮詢引導，以及旅程後需要理賠權益申請。

租車文件與業者

※ 必備文件

租車之前，首先要準備好合法的駕照，日本對不同國家的規定不盡相同，像馬來西亞的朋友就必須準備國際駕照。台灣則必須備妥期限內的台灣駕照和相對應的駕照日文譯本，日文譯本可在監理所申請，但請留意地址、有效期限等相關資訊要和駕照相同。**租車時需要駕照正本、日文譯本和中華民國護照，三種文件缺一不可。**

請注意：如果不只一人開車，所有駕駛者都要準備好文件給租車公司登記，如果未登記卻開車，就是無照駕駛，不僅違法，當有事故時也不能獲得理賠。

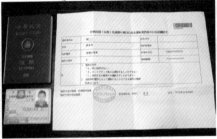

租車三法寶，一個都不能少

※ 北海道租車網

租車公司選擇很多，還是建議大家一開始盡量在大型租車公司(如TOYOTA、ORIX、NISSAN、TIMES等)官網訂車，因為它們很多都有中文的現場服務人員，或電話、LINE服務等，加上租車點多，不管是發生故障、或要甲地租乙地還，都比較方便，也有保障。也可藉由大型租車網樂天、Jalan、TOCOO!.等來租借大型租車公司的車。租車網不定期會釋放折扣券(可折抵車資)，但有時無法直接在訂單附加北海道高速公路ETC和HEP等付費項目，須另行跟租車業者聯繫。

在此推薦一家北海道起家，得過樂天租車北海道區第一名殊榮，用心經營的租車公司Worldnet。據點有新千歲、旭川和函館三個機場，還有札幌與室蘭兩座城市，全車系保證兩年內新車，價格比各大租車公司便宜，也備有中文網頁和中文服務人員，讓你租車不會霧煞煞！

🔗 Worldnet：worldnet-rentacar.co.jp/zh
🔗 樂天：travel.rakuten.co.jp/cars
🔗 Jalan：www.jalan.net，點選「レンタカー」
🔗 TOCOO!.：www2.tocoo.jp/cn

舒適的8人座車

租車車種與保險

☼ 汽車種類

車輛的選擇取決於兩個項目，人數和行李數，每台車都會標示乘客數，但請注意，這個標示是最大承載人數，並不是最適人數，尤其北海道幅員廣大，交通時間很長，如果坐滿最大人數會很辛苦，姊姊建議最好把最大承載人數除以1.5，這樣會比較舒適。像姊姊家中人口數雖然只有3人，但很喜歡租8人座的WA車種，大家坐得舒適，行李可以隨意放置，買伴手禮也不用手軟，完全不擔心空間不足，另外如果有使用安全座椅的幼兒同行，因為安全座椅較占空間，請把1名幼兒當1.5人計算。

不同車種的行李廂空間也不同，請同時考慮置物空間，最好再預留一些戰利品空間，如果因為價格考量，要租比較小型的車種，變通的辦法就是少帶些行李箱，改以軟袋代替，這樣比較好塞，才不會每天出門，行李都要喬半天才能上路，浪費時間。簡單介紹車種如下：

1. **輕自動車(SK、KSS)**：排氣量660cc，省油、自動車道料金低，適合行李不多、2～3人，但馬力較不足，不適合走山路。

2. **小型車(S級或P1、P2)**：P1車型差不多是TOYOTA Yaris、HONDA FIT大小，P2就像NISSAN TIIDA大小。適合小家庭2～4人且行李不多者，好處是租金價格便宜。

3. **轎車(A級或P3、P4)**：P3大約是TOYOTA Corolla大小，P4就像NISSAN TENEA大小。有獨立的後行李廂，可裝較多物品，適合一般家庭。

4. **廂型車(WA、WB、WC)**：WA車型就像NISSAN SERENA，WB就像TOYOTA ALPHARD大小。誌麟姊姊喜歡租這種車，車身較高，有三排座椅，最多可乘坐8人，第三排座椅可選擇收起或放下，機動性高，但如果第三排坐人，能放行

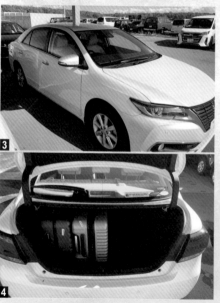

1、2.S級或P1、P2，後車廂僅能放兩個26吋行李箱／3、4.A級或P3、P4，後車廂可放3～4個26吋行李箱

58

WA 8人座廂型車，後車廂可放下兩個26吋行李箱，第三排收起來可放下5～7個26吋行李箱

李的位置會變很小。WC就像TOYOTA HIACE，類似大型的麵包車，有9人和10人座兩種車款。請注意：台灣的普通小客車駕照是不能租借10人座的呦！

※ 汽車配備兒童座椅

身為人父的誌麟姊姊，非常喜歡帶著孩子出門。日本兒童座椅類型大致分為三種類型，並且規定未滿6歲的幼兒必須使用安全座椅，家長們請留意喔！

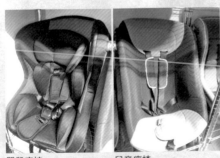

嬰兒座椅   兒童座椅

1. 嬰兒座椅(乳児用ベビーシート)：體重未滿10公斤，年齡1歲以下。
2. 兒童座椅(幼児用チャイルドシート)：體重9～18公斤，年齡約1～4歲。
3. 學童座椅(學童用ジュニアシート)：體重為15～36公斤，年齡約4～10歲。

※ 重型機車

每到夏天，在北海道經常看到一群身穿皮衣的中年熟男騎著重機，悠閒馳騁在國道上，讓誌麟姊姊心癢難耐，甚至為了這個「追風少年兄」的夢想去考了重機駕照，有朝一日一定要實現這個夢想！請注意：輕型機車不能共乘，其餘車款也不能載10歲以下兒童。

http Rental819台灣FB：
www.facebook.com/rental819taiwan

1、2.重型機車(圖片提供／Rental819)

※ 租車保險內容

不怕一萬、只怕萬一，出遊最怕因為發生事故，遊興大減，甚至因為交通事故而導致巨額財物損失，所以了解租車保險是非常重要的。

租車公司的保險可分為下列幾種，但各家租車公司的保險內容多少有些許差異，請讀者多加注意。

・免責補償（基本險）

當駕駛中發生事故時，可免除支付租賃公司所規定的金額範圍內，需自己負擔的對物和車輛賠償金額的制度。請注意：需在不違反交通規則下，聯絡租車公司並報警，由當地警察局發出意外報告，保險公司才會受理賠償。

・免責補償的補償內容

1. 對人補償：對人無限額。
2. 對物補償：單一事故無限額（但須自付免責額¥50,000）。
3. 車輛補償：事故時車輛損傷估價額（但須自付免責額¥50,000）。
4. 人身傷害補償：每名上限¥3,000。

・不適用於賠償制度的情況

1. 發生事故時沒有報警（沒有取得警察給予的事故證明）。
2. 行駛中未繫安全帶。
3. 未向租車公司回報或私下與對方和解。
4. 擅自延長租賃時間並發生事故。
5. 駕駛人並非簽訂合約書內之駕駛人。
6. 酒後或無照駕駛。

各大保險公司安心免責險比較表

(製表／誌麟姊姊)

業者	安心險	車輛拖吊	電池接電	車門開鎖	備胎更換	燃油補給	輪圈遺失受損	車輪吊起	特點
TOYOTA	安心W	¥150,000 (180公里)	✓	✓	換同等輪胎	10公升	✓	1公尺	
ORIX	RAP	¥150,000	✓	✓	✓ 上限 ¥20,000	10公升		1公尺	・可延遲1小時還車 ・提早還車100%退費（例如一天還車，就退一天的租車費）
TIMES	Super Safety Package	¥150,000	✓	✓	✓	10公升			・住宿費或移動補償¥15,000/人 ・旅行補償¥20,000/人
Worldnet	NOC	150公里	✓	✓	✓				・遭飛石外來物撞擊賠償
NISSAN	NAS	¥100,000	✓	✓	✓ 上限 ¥20,000		✓	✓	・可延遲1小時還車
OTS	豪華安心險	30公里	✓	✓	✓ 上限 ¥50,000	付款給 JAF*			・二次事故賠償 ・事故免費換車
NIPPON	安心方案	最近修車廠	✓	✓	✓	10公升	✓		・超時3小時內還車半價

*JAF為日本自動車聯盟，負責道路救援與拖吊服務等業務。本表為2019年現況，如有異動，請依各業者公告為準。

7. 因車輛遭竊而造成損害。

8. 乘客人數超過人數限制。

9. 違反租賃契約條款之使用方式。

·營業損失補償(NOC)

當租車期間發生事故,導致車輛必須修理或清潔時,需由顧客負擔租車公司未能營業的損失。客戶負擔金額如下:

1. 自行駕駛到預定還車據點(車能動): ¥20,000。

2. 無法自行駕駛歸還到預定還車據點(車不能動):¥50,000(不含拖車費用)。

所以如果只保免責補償(基本險),遇到事故駕駛自負額是¥20,000起跳,也是一筆不小的金額。大部分租車公司推出只要追加保金,即可享有免除支付免責補償制度與營業損失補償(NOC)的方案,如TOYOTA的租車安心W方案、ORIX的免費補償制度(CDW)和租車安心專案(RAP)、Times租車的Super Safety Package等,還免費附加提供道路救援/緊急救援,甚至還會針對造成旅遊不方便的交通與住宿等進行補償。

誌麟姊姊說

姊姊對租車保險的口頭禪是「保好保滿,安心上路」,別為了省那一點錢,發生事故時才悔不當初。如果擔心新手駕駛會造成其他用路人困擾,可以請租車公司準備新手駕駛磁鐵貼,增加一分安心感。

4種磁鐵貼

露營車之旅

每次在北海道旅行,總會看到不少露營車從對向悠閒駛過。如果你也想體驗一下行程自由、不被束縛的露營車之旅,就先看看以下介紹吧!

行程自由的露營車旅遊

❀租借簡介

北海道露營車租借選擇很多,租金端看公司規定,區分「曆日制」和「時間制」,租借備品價格也不同,請自行精算再上網預訂。開露營車和普通車一樣,需要準備駕照和譯本(港、澳地區朋友則是認可的國際駕照),如要行駛自動車道,也要考量公司是否可租借HEP,另外露營車較大、死角多,保險請一樣保好、保滿。

誌麟姊姊租借的露營車業者是位在札幌的DO CAMPER,網站介紹詳盡,車輛很新,服務不錯,露營相關備品充足,還有付費機場交車服務,值得推薦!

http DO CAMPER:do-camper.com

·露營車優缺點

優點:行程自由,隨興變動,節省時間,不受飯店束縛。缺點:空間較小,車輛較大,沒有衛浴,進出市區受阻。

·如何選擇露營車

露營車越大、越新,裝備就越齊全,但相對租金也越高,一分錢一分貨的道理亙久不變,但基本上可從4方面去考量。

1. 電力配置: 可從車輛電池數、充電方式和車內照明去考量電力,電池最好有兩組以上,充電方式越多越好(行駛充電、太陽能板充電,或外部電源充電等),尤其在夏天,冰箱經常開關或睡覺使用冷氣,耗電量相對大,當發現電力耗盡無法開車就搞笑了;另外車內照明數量要多,而且開關要獨立,這樣生活作息才不會互相干擾。

2. 床鋪數量: 床鋪數量是決定旅伴數量的最大因素。就像帳篷一樣,最大可容納人數並不等於最適合人數,以6人露營車來說,其實5個人比較適合,當然如果小孩還小,人數可以再增加,但絕不能超過車輛可乘坐人數,否則會觸犯法規。另外要考量的是床鋪長度,我想身高超過175公分的朋友就請你三思吧。

3. 隨車配備: 露營車其實就是租車+露營,所以露營需要的物品,車內最好都齊全,或是向露營車公司租借。冰箱與瓦斯爐一定是標準配備,如果該公司有睡袋、枕頭、露營桌椅和烤肉用具等可供租借,會讓旅遊更輕鬆自在!

4. 夜間停車選擇: 開露營車,晚上要停在哪裡睡覺才好呢?為了安全考量,晚上請不要隨意停車,請選擇露營區或是道之驛才相對安全。露營區可在車外炊煮,有些露營區還規畫露營車專區,使用空間大、可充電、排廢水,雖然價格較高,但相對方便。道之驛免費,但無法沐浴,所以可以選擇兼營溫泉設施的道之驛,或是在附近的公共澡堂洗澡。有些道之驛並不能「車中泊」(不能睡車上),選擇停車點請盡量靠近廁所,並遠離馬路,增加方便性也提高睡眠品質。

1.主車後方上下鋪區,單人床／2.完備的爐具和水槽／3.主座位區,移去桌子可以變成一張單人床／4.電視機,打開就能收看／5.廁所和化學馬桶

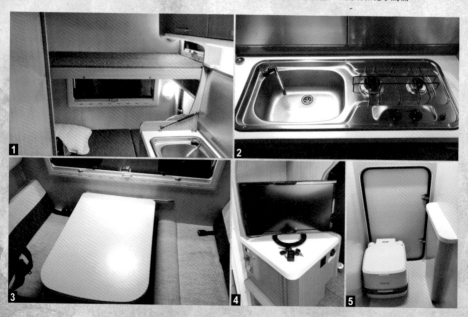

自駕須知

MUST KNOW

在日本租車，車種幾乎都是台灣人熟悉的TOYOTA、NISSAN、HONDA、MAZDA等日系品牌，所以並不陌生。但左右駕的差異，和相反的道路前進方向，才是駕駛最大的困擾。姊姊建議，駕駛者請專心開車，旁邊一定要有個稱職的副駕，負責看地圖、找景點和查資料等會讓人分心的事，減少意外狀況發生。

右駕提醒1・2・3

※ 1. 轉彎

剛開始時，轉彎最讓新手困擾，一不小心就會轉錯，駛入對向車道造成危險，姊姊有一個原則可以提供新手參考，那就是請駕駛者轉彎時，切記自身一定要靠近分隔島或中心線，副駕位置則是靠路肩，這樣比較不會出錯。

※ 2. 雨刷與方向燈

由於雨刷桿和方向燈桿配置跟左駕車相反，很容易搞錯，但這不是大問題，錯了換撥另一邊就好，最多被乘客笑而已。

※ 3. 駕車禮儀

北海道人開車很有禮貌，都會互相禮讓，請大家也別把不好的開車習慣帶去，轉彎車一定要讓直行車先行，遇到靜止標誌時一定要完全停止再開。放慢速度，好好享受美景，才是旅遊的醍醐味啊。

誌麟姊姊說

如果大晴天，在開車時看到對向來車突然刷雨刷，請小心注意，煞車慢行，因為對向可能是台灣同胞，正準備要轉彎了，哈哈。

轉彎方向示意圖

❷左轉彎車優先

❸右轉車打方向燈後，於路中等待時機通過

❹行人和自行車優先

❶行人和自行車優先

開向右轉車專用道

Stop!

Keep left!

衛星導航(GPS)設定目的地

在北海道要開車前往下一個目標，最好的方式就是使用衛星導航，簡單的設定，就能帶你前往目的地。大部分衛星導航可設定多國語言，操作方式租車公司都會教，本單元要教的是如何設定目的地。

※ 透過電話／Mapcode導航

不熟悉日文的人，最常用的設定方式是透過輸入電話，但這較適合找商家、餐廳或人工設施；如果是自然景觀地點，透過Mapcode比較好找。Mapcode是日本獨有的地圖資料系統，由9或10個數字組成，其實是一種地圖編碼，很像座標定位，可以正確找到目的地，但必須事前查詢好，才不會手忙腳亂。請注意：日本政府為了安全性，規定必須在車輛完全靜止時(排檔在P檔並拉起手煞車)，才能操作衛星導航，行進間是不能更改操作設定的呦！(就算副駕操作也不行。所以請停到路邊安全的地方，再進行衛星導航操作。)

📶 Mapcode查詢網站：www.mapion.co.jp，或手機下載NAVICON App

(網站使用方式：在檢索處打上地名或地址→確認要找的目標→在出現的地圖上點＋的地方→接下來跳出的大地圖中，有個顯示資訊的方框，找到地圖URL點入，即可看到Mapcode號碼)

誌麟姊姊說

日本衛星導航很值得信賴(除非租到舊車)，有些新車款的導航還會有即時路況，讓你避開塞車或施工路段。但有時候導航找不到電話號碼的對應位置，會將你指引到當地的行政機關(如市役所等)，所以最好還是打開Google Map當作輔助，減少走錯路的機率。

※ 衛星導航使用Step by Step

Step 1 請先按主畫面左邊「目的地設置」按鈕。

Step 2 要用電話導航，請按「电话号碼」。要用Mapcode導航，請按「MAPECODE」。

Step 3 也可在主畫面選擇「路線編輯」，點入之後追加或刪除目的地。

開車上路注意事項

1. 轉彎車一定要禮讓直行車，別變綠燈時搶先轉彎。
2. 一定要禮讓行人，尤其在斑馬線上，行人最大，請不要鳴按喇叭催促行人。
3. 支線或有閃黃燈信號燈處，一定要完全停止，看有無來車再開，看到倒三角形的停止標誌一定要停下來，此時衛星導航會發出「登」一聲提醒，請聽到聲響時煞車停止；如果是騎機車，雙腳一定要著地。
4. 多線道馬路會分左右和直行車道，地上有清楚的標示線，請不要亂換車道。
5. 內線是超車道，超車完一定要回外線，別占著超車道。
6. 若旁邊車道的車子要切進你的車道，一定要禮讓，尤其北海道車速很快，車禍事件都很嚴重。
7. 北海道很大，判定來車速度會有錯覺，很容易在路口煞車不及，請減速慢行。

　　冬天雪駕，更要小心謹慎，別覺得租了四輪驅動加雪胎的車種就安全無虞，也別有保險保高點就一切沒事的想法，姊姊要講的是，車壞了可以修，人的性命是沒辦法賠的。

遇到施工單向通車，請依照指揮，紅旗停、白旗行

加油注意事項

☀借還車皆加滿油

　　日本租車公司會加滿油給顧客，所以歸還時，請也加滿油再歸還，為了避免爭議，許多租車公司都會希望顧客在還車前，到公司指定的加油站還車，這時加油站會給你收據，再拿收據給租車公司確認即可。若未加滿油就還車，租車公司也會根據油表粗略推算油資，但價格通常較高，這點要注意。當然若為了方便，也可直接還車，請租車公司計算油資。

☀加油站位置與營業時間

　　若只在熱鬧的道央或道南市區，或近郊開車玩，加油站很好找，營業時間也較晚，不太容易有問題；若是前往道東、道北或人煙較稀少的地區，請多注意油表，別太鐵齒。姊姊幾乎只要油表低於一半就會留意有沒有加油站，因為若沒注意錯過了，有時下一個加油站距離可能超過100公里；也要注意營業時間，鄉下加油站經常17:00就休息，讓你望站興歎，到時在荒郊野外沒油，那可是叫天天不應，叫地地不靈啊。

如果油箱低於一半，順路看到加油站就去加油吧

※油種與人工／自助加油

日本加油站可依顏色標示來區分不同油種，分別是柴油(軽油，綠色)、高級(ハイオク，黃色)、普通(レギュラー，紅色)三種，大部分的車種都是加普通(レギュラー)，而像露營車就可能會加柴油(軽油，綠色)，在租車時租車公司都會說明。汽車加油口有時也會標示，車種不同，加的油種不同，請不要加錯，加錯車會損壞，導致發生巨額賠償，不可不慎。通常人工加油因為是加油站員工加油，比較不會搞錯；容易發生錯誤通常都是自助加油，如果擔心，就使用人工加油吧。

人工加油基本上只要跟服務人員說「加滿」(満タン，mon-tan)即可，如果想體驗看看，也可選擇油價較低的「自助加油」(セルフ，self)，自助加油必須自行操作機器，首先請先選擇正確的加油槍(通常有三種，不要選錯了)，然後投入金額，選擇加多少油(通常是要加多少公升數，或是多少金額擇一)，加完油後機器會給一張單子，如果有餘額，必須要去退費機退費，如果沒有退費機，請到加油站櫃檯人工退費。

紙幣放入口

自動精算機，可以退錢

加油台——綠：軽油，黃：高級，紅：一般(通常都加紅的)

誌麟姊姊 說

自助加油時，可以看到加油台有一個圓形凸起，取油槍前請先觸摸這顆突起，因為日本比較乾燥，身體容易產生靜電，如果直接拿油槍，可能會放電引起火花，導致汽油爆炸。

照片中的黑色圓形凸起可防靜電

交通標誌報你知

　　日本的交通號誌大部分跟台灣差異不大，以下僅列出台灣較少看到的交通標誌。

按鳴喇叭：通過時請先按喇叭示警	禁止行人通行

※ 道路號誌

停車再開	禁止通行	行人和自行車優先通過	注意電車

禁止進入	限時期間停車(08:00～20:00期間每次可停60分)	國道標示	快速道路標示

禁止停車	禁止超車	注意學童	注意側風

最高速限50km/hr	最低速限30km/hr	車道減少	有動物跳出危險

汽車專用	行人及自行車專用	矢羽根(雪標)：北海道是豪雪地區，因為冬季很容易看不到道路線，所以道路兩旁會有矢羽根來標示道路的外側線

※ 道路標記

至於日本道路，地面也會有不同的道路標記，舉例如下：

停車再開

小心橫向穿越的行人

時差式信號燈(紅燈可右轉)

路側帶：行人、自行車可，車輛不可暫停

路側帶白線內寬度小於75公分：行人、自行車可行，不能停車

路側帶白線內寬度大於75公分：行人、自行車可行，可以暫時停車

路側帶：僅讓行人通行，車輛不可暫停

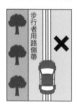

車道線(虛線，可超車)

禁止超車(黃色標線)

道路中央線(開車請勿跨越)

轉彎車道

減速慢行

單向禁止超車

北海道公路系統

※ 自動車道

自動車道就是收費的高速公路，有固定的出入口(IC)，兩旁封閉，速限約在70～100km/hr不等，路邊不能隨意停車，有休息站(SA)或停車場(PA)可供休息。

在北海道共有三條主要自動車道，以連結函館－札幌－旭川的「道央道」為中心，加上往夕張、帶廣地區延伸的「道東道」，以及往小樽方向的「札樽道」，這三條是開車移動時的基本路線。另外也能連接旭川紋別道、帶廣廣尾道、深川留萌道、日高道、黑松內新道等高規格幹線道路，方便遊客大範圍移動，輕鬆前往各個觀光景點。

http NEXCO東日本：www.e-nexco.co.jp/zh-CHT

‧道央道

道央道以鄰近函館的「森町大沼公園IC」為起點，到北端的「士別劍淵IC」為終點，全長443.5公里，是連結北海道的大動脈。沿線經過洞爺、室蘭、登別、苫小牧、新千歲機場、札幌、旭川等重要觀光和交通重鎮。全線共有40處IC和JCT(系統交流道)，休息站在上、下行線各4處，停車區在上行線有12處，下行線則有11處。

‧札樽道

札樽道以「小樽IC」為起點，終點至連接道央道的「札幌JCT」，總長38.3公里。現在從小樽還可連結「後志自動車道」，一路開到余市呦！

‧道東道

道東道有南北兩條，以千歲市為起點，預定往釧路市及北見市的方向延伸。南部已開通從道央道的千歲惠庭JCT至阿寒IC的路段，以及北部本別JCT至遠輕瀨戶瀨IC的路段，中間有十勝平原SA。

※ 一般國道

日本的國道類似台灣的省道，沒有固定出入口，只要有合法的停車位置，隨時可路邊停車。因為兩旁有可能是住宅或學校，速限通常是50～60km/hr。為了方便旅客休息，設置了125個道之駅(道の駅，等於台灣的休息站，數量可能會再增加)，不僅提供休息，還會販售當地特色物產和手工藝品等，有些還附設餐廳、溫泉和住宿設施，值得一逛。

為了增加旅客進入道之駅的意願，特地發行了印章本，讓人蒐集每個道之駅的特色印章，也有簡單的介紹，集到一定數量的印章還可參加抽獎，十分有趣。

http 北海道道之駅：www.hokkaido-michinoeki.jp
http 北海道駕駛導航：northern-road.jp/navi

道之駅印章本

蓋了章的印章本內頁

※ 道道

　　道道是指北海道的區域道路，規格位在國道以下，就像台灣的縣道，利用率較低，有時由於經費限制，路況有時也比較差。

道道標誌

※ 測速照相設施

　　北海道地廣人稀，很容易就超速，請在開車時多注意速限，超速罰金很高昂，超速過多也有可能觸犯刑法。

　　自動道和國道會有測速照相，自動道只設置在道央道北上「江別市豐幌」(江別東往岩見沢方向)，也會有偽裝成一般車輛的警察偽裝車(覆面パトカー)會在後方尾隨蒐證；國道上也有不少測速照相，設置在道路正上方土黃色的鐵箱，在測速照相前也會有螢光黃的「自動車道取締路線」醒目告示牌，提醒駕駛不要超速，另外也會有機動測速的警察，請多加留意。

http 日本測速照相地圖網站：orbis-guide.com/map

日本駕車違規處罰

分類	內容	罰金	法律制裁
超速	15 km/hr以下	¥9,000	X
	15～20 km/hr	¥12,000	X
	20～25 km/hr	¥15,000	X
	25～30 km/hr	¥18,000	X
	30 km/hr以上	超過¥18,000	有
使用行動電話	行駛中使用	¥9,000	X
酒駕	0.15 mg以上	¥300,000～500,000	3年以下徒刑
違規停車	臨時違規停車	¥15,000～18,000	X

自動車道測速照相

※ 自動車道收費方式

　　日本的自動車道收費方式和台灣不同，以下介紹各種收費方式。

·現金收費

　　進入自動車道時，請走「一般」車道(或是「一般／ETC」)，並從入口的自動售票機取得收費通行券。票券上會顯示車輛分類、入口名稱、發行日期和時間等資訊。在出口收費站，將通行券交給服務人員並使用現金支付費用。

入口收費車道種類。一般：現金，ETC：只限有ETC卡的車

自動車道入口為綠色招牌

前面綠色機器為自動車道通行券發行機

自動車道通行券

顯示「↑通行可」才能前進

・ETC收費系統(Electronic Toll Collection System)

ETC是高速公路的電子收費系統,過路費會直接從IC卡上扣除,無須暫停即可直接通過收費站,深夜或假日時段還有ETC專屬折扣,非常方便好用。

請注意:並不是所有租車公司皆可租借ETC卡,通常也都只有部分店鋪可租借,部分也會限制無法異地還車,請多留意。以下為使用注意事項。

1. ETC卡要和ETC機搭配:請將ETC卡完全插入插槽中,如果忘記插ETC卡,收費站閘檔桿將無法操作。
2. 確認駛入可利用ETC的車道:請確認哪些車道允許用ETC卡付款(請選擇「ETC」或「一般/ETC」車道)。
3. 進入車道時速請在20km/hr以下:速度過快、不小心進入錯誤車道或忘記插入ETC卡,會導致閘門無法開啟,為了確保安全,請注意減速至20km/hr以下並緩慢通過ETC車道。
4. 在出口收費站也請行駛ETC車道。

ETC卡

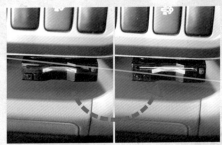

ETC卡插卡槽,卡片插入後,燈會從紅色轉為綠色

誌麟姊姊說

閘門不打開，如何處理？

- 交流道入口：可能是忘記抽取通行券，或進入錯誤車道，此時服務人員將通過對講機對話或親自出來處理。

- 交流道出口：服務人員將通過對講機對話。請閃警示燈耐心等待，服務員會來到車旁，請聽從指示。

請注意！即使收費站道閘門不打開，也絕不可以向後移動車輛喔！

・HEP北海道快捷票卡(Hokkaido Expressway Pass)

自動車道料金高昂，管理公司NEXCO東日本為了方便外國旅客，發行了類似「自動車道固定收費」方案，在北海道名稱縮寫是HEP，申購時須出示外國護照，可於租車時在網站向租車公司一併申購，或現場加購，但由於卡片數量有限，旺季時可能會租不到，請留意。

HEP優點：就像高速公路收費吃到飽，可以自由使用有料自動車道，省時又省錢。但是否真的划算，其實還是要看是否長距離、多天數使用自動車道，可以先試算一下再決定要不要使用。有關自動車道料金、可利用的HEP租車公司等相關疑問，可至ppt.cc/fgV7nx查詢。

http NEXCO東日本料金、折扣、ETC資訊：ppt.cc/f9UE6x

HEP支援店家

雪地駕駛注意事項

亞熱帶地區的我們，除非長年旅居高緯度國家，不然雪駕的經驗值幾乎為零，不像道民，為了生活，雪駕是日常。但無論如何，如果要在冬季前往北海道，千萬不要輕忽雪駕的危險和風險。

※ 車種與配備

租車請盡量選擇有四輪驅動(4WD)的車款，如果是全時四輪驅動(AWD)那更好，在北海道，冬天租車公司都會搭配雪胎，這點請放心。雪鍊只有特別區域或是大車才會搭配。

· 四輪驅動車

很多車種都號稱四輪驅動，當然在雪地操控上，比起前驅或後驅動車輛(2WD)在抓地力與脫困性等都具有優勢，但四輪驅動還細分不同形式，為了自身安全著想，還是要慎選！4WD大致上可分以下三種：

1. 適時四驅(Real Time 4WD)：為了省油，正常行駛時會以2WD方式驅動，僅在輪胎因打滑或懸空，失去抓地力時，系統才會主動切換成4WD模式，大部分配備4WD的轎車或是都會休旅車都為這種類型。

2. 分時四驅(Part Time 4WD)：具有手動切換2WD／4WD的按鍵，平時可設定2WD模式，車輛受困時再切換成4WD模式，很多車種還能調整每個輪胎動力比，大部分在專業越野車種才有此配備。

3. 全時四驅(All Wheel Drive，AWD)：在任何時刻四輪都同時具有驅動力，受困或打滑時電腦會主動分配不同動力給輪胎，以求得最佳狀況，操控與安全同時兼備，缺點就是比較耗油，像SUBARU全車款都是配備AWD。

※ 雪駕細節

1. 四輪驅動＋雪胎並不代表就可高枕無憂，冬季盡量不要前往荒涼的地區或偏僻陡峭的路段，白天視線好再行駛，降低車速，車上準備充足的食物飲水，以策安全。

2. 太陽眼鏡：滑雪者知道雪地會造成「雪盲」，在陽光普照的日子，由於白雪會反射陽光，非常刺眼，很容易引起視覺疲勞，所以請務必準備。

3. 積雪清除：開車前請將車輛積雪清除，尤其是車頂積雪，有些人會懶得清，這是不行的！因為煞車會導致車頂積雪滑到前方擋風玻璃，當視線受阻時容易造成危險。此外，停車時請將雨刷立起，以免結冰黏住。

SUBARU全車系皆配備AWD系統

開車前請務必清除積雪

4. 路面滑度：冬季路面濕滑，容易造成失控或追撞事故，請在取車後找一個安全的場地，先測試一下輪胎抓地力，還有相對速度對應的煞車距離。

路面積雪，會讓輪胎磨擦力降低

5. 注意黑冰：黑冰是道路融雪後又結冰，形成路上一層透明的薄冰，最常出現在清晨、陰暗或樹木籠罩的路段，幾乎無抓地力，非常容易打滑。

6. 注意標誌：冬季四周一片雪白，連道路邊界都看不到，加上景色單調，注意力不容易集中，容易偏離車道，請多注意頭上的「矢羽根」(雪標)，維持在車道內。

地面積雪時，請注意道路上方的道路邊界指標(矢羽根)

7. 請勿跟車：跟車太近，容易煞車不及，尤其是大車輪胎容易捲起地雪和泥濘，風大時也容易產生地吹雪，造成視線不良，所以請保持安全距離。

雪地開車，請拉長與前車的距離

8. 降低速度：雪地煞車距離長，為了安全起見，請以夏天速限的1/3～1/2的速度行駛。

冬季一片雪白美景，但車速千萬快不得

9. 注意天氣：請上網查詢天氣狀況，天候不佳不要勉強，請改變行程或改搭大眾運輸，我們是去玩，不是去賭俄羅斯輪盤的。

國道單位固定會派出鏟雪車

誌麟姊姊說

　　雖說講了這麼多注意事項，但冬季雪駕風險極高，真的不建議初學者在冬天上路，因為變數實在太多，相較來說夏天開車舒適安全多了。出國是為了散心，若因雪駕準備不足而提心吊膽，那就失去旅遊的意義了。

鏟雪車速度慢，請緩慢跟車

※ 車禍處理流程Step by Step

Step 1　避免影響後方車流，請將車輛移至安全位置，若有人員受傷，也請先移至安全地點。

Step 2　不管車禍再小，請一定要打110報警處理，千萬不要私下和解，不然保險公司不會受理。

Step 3　接著聯絡租車公司，說明車禍狀況，並請保持手機暢通，故請開漫遊或申請Skype通話。

Step 4　請與對方互留聯絡資料，日本警方不會拍照，也不會像台灣給你三聯單等報案資料。

Step 5　還車時，請跟租車公司確認事故處理報告書內容，最好拍照留存，保障自己。

發生車禍怎麼辦？

　　北海道地廣人稀，公路系統發達，租車也相對便宜，自駕是非常適合的旅遊方式。但左右駕的差異、陌生的車種與駕駛習慣的不同，都有可能導致車禍發生，開車時務必小心謹慎，安全至上。但有時運氣不好，可能還是會發生車禍，甚至撞上野生動物。

　　首先，老話一句，保好保滿，保險費千萬不能省，除了基本險外，免責補償和安心免責等請保好保滿。若是在人地不熟的北海道，真遇上車禍怎樣辦？租車公司都有一套處理流程，就讓姊姊來告訴大家吧！

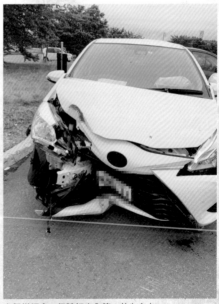

自駕樂趣多，但請把安全第一放在心上(圖片提供／Worldnet)

北海道很大，除非有幾個月的時間，不然很難一次繞完。但大部分的人假期有限，所以建議以國道為主線，一次遊覽一個區域，再搭配停留幾個主城市，兼顧觀光和血拼。盡量放慢腳步，深入地方仔細欣賞，更能感受不一樣的旅遊樂趣。

　　說實話，就算多給三倍的篇幅，誌麟姊姊也無法完全寫下心中北海道的全貌。既然如此，就去蕪存菁，寫出5條個人覺得精采萬分的旅遊路線吧。

北海道旅遊路線

神 仙 沼
Shinsen-numa Marsh

HOKKAIDO

夏季花海路線

　　提起北海道的夏季，大家腦中應該會蹦出薰衣草和花海吧！美瑛、富良野這區域坐落好幾個大型花田，像四季彩之丘、彩香之里、日之出公園等，其中又以富田農場最具規模，沿丘陵地形蔓延的帶狀花海是拍照勝地，遊覽車整日川流不息，等個停車位可能要十來分鐘，如果遇到「海之日」等日本連續假期，甚至會大塞車。

　　想玩這條路線的人，建議可前一晚住札幌或江別，隔天租車開始旅程。沿途利用道央道節省時間，當晚到旭川住一晚，品嘗正宗旭川拉麵或成吉思汗烤羊肉。隔天再放射狀到附近遊覽，走訪層雲峽、旭岳或旭山動物園，晚上回旭川或在美瑛住宿，隔天遊美瑛、富良野，住一晚特色民宿後再離開。亦可放慢腳步來個6日行程。

Travel Plan

Day 1

札幌	
↓ 🚗 0.5hr	
江別	4hr
↓ 🚗 0.5hr	
美唄燒鳥	0.5hr
↓ 🚗 0.5hr	
砂川	2hr
↓ 🚗 1hr	
宿：旭川	

*如果不趕時間，建議不要直接開
到旭川，可沿途下美唄、砂川等
交流道吃喝玩樂

Day 2

旭川	
↓ 🚗 10min	
雪之美術館	1hr
↓ 🚗 0.5hr	
男山酒造資料館	0.5hr
↓ 🚗 0.5hr	
旭山動物園	4hr
↓ 🚗 1hr	
宿：旭岳	

Day 3

旭岳登山行程	8hr
↓ 🚗 1hr	
宿：美瑛	

Day 4

美瑛(拼布路線、景觀之路、青池、白金瀑布)	8hr
↓ 🚗	
宿：美瑛	

Day 5

美瑛	
↓ 🚗 0.5hr	
周遊富良野	8hr
↓ 🚗	
宿：富良野	

Day 6

富良野	
↓ 🚗 1hr	
大橋櫻桃園	2hr
↓ 🚗 1hr	
砂川休息站	2hr
↓ 🚗 1hr	
宿：札幌	

夏季花海路線地圖 ●

男山酒造資料館
交流道 旭川鷹栖

旭山動物園

暑寒別岳

北海道兒童之國
砂川休息站

雪之美術館

🛫 旭川
空港

交流道
滝川

SOMÈS SADDLE

JR根室本線

岩瀨牧場

大橋櫻桃園
北菓樓砂川本店

やき鳥たつみ

交流道
美唄

夕張岳

交流道
札幌

JR函館本線

交流道
江別東

JR室蘭本線

JR千歳線

JR石勝線

道東道

N

新千歲空港 🛫

北海道旅遊路線

夏季花海路線

道南索蘭路線

新雪谷＋雷電國道之旅

十勝展望＋根釧野付國道之旅

日本海鷗雜隆之旅

79

紅磚之城──江別

　　位在札幌東邊的衛星都市，大正時期以盛產紅磚知名，北海道很多知名建築，例如舊道廳、札幌啤酒工廠的紅磚就是產自江別，故有「紅磚之城」的美名，現在雖然已經很少使用紅磚做為建材，但江別紅磚的產量還是占全日本25％，走在江別市街，隨處可以看到學校、電話亭、舊住宅等紅磚建築，讓人彷彿穿越時空，來到了樸實的大正時代。

▶ 從札幌走道央道，「江別西IC」下交流道

 日漸稀少的美麗花種

野生花菖蒲群生地
(ノハナショウブの群生地)

⏱ 0.5hr 📍 P.231 | Mapcode：139 219 881*28(附近沒有明顯標的物，請盡量用Mapcode導航)

　　花菖蒲原本在全日本濕地都可看到，但由於近年濕地減少而變得稀少，整個石狩地區現只剩這裡才有。群生地位在江別農地上，每到6月底、7月初，5萬株美麗紫色花朵同時盛開，美不勝收。

1.花菖蒲群生地管理棟／
2、3.花菖蒲

占地廣闊的野生自然公園

野幌森林公園

野幌森林公園 | Mapcode：139 245 094*75
北海道百年紀念塔 | Mapcode：139 180 420*81
開拓の村 map www.kaitaku.or.jp ⓒ 5～9月每日09:00
～17:00，10～4月週二～日09:00～16:30。休週一
與假日，詳見官網 🚶 森林與開拓村各1.5hr，共3hr
map P.231 | Mapcode：139 150 395*48

　　跨越札幌、江別、北廣島三個城市，占地
2,053公頃，在北海道百年紀念時被指定為
北海道自然公園。公園內約8成是國有林與
鳥獸保護區，北海道博物館、百年紀念塔、
野幌運動公園與北海道開拓村(開拓の村)
都位在園區內，可以花上一整天參觀遊
覽。姊姊很喜歡住這裡，早上起床在公園
裡跑跑步，換掉肺內汙濁的空氣。

1.北海道百年紀念塔／**2.**野幌運動公園裡有各式球場／
3.北海道開拓村

增進對北海道歷史的認識

北海道博物館

🔗 www.hm.pref.hokkaido.lg.jp ✉ 札幌市厚別区厚別町小野幌53-2 ☎ 011-898-0466 ⏰ 09:30～17:00 💰 大人¥600，高中與大學生¥300
🗺 P.231｜Mapcode：139 180 061*85

位於厚別區的綜合博物館，前身為北海道開拓紀念館，2013年底休館大幅改建，並於2015年4月和北海道立愛努民族文化研究中心合併，改名為北海道博物館。館內介紹北海道的文化、歷史和自然，利用文字搭配歷史文物、照片或模型，讓大家更容易認識北海道這塊土地。

博物館館內分為「序言」、「五大主題館」和「探索廣場」，還有不定期的特展。

✺ 序言——南與北的邂逅

位在入口區，放置了曾棲息在北海道的兩種大象骨骼標本，即從本州遷徙而來的諾氏古菱齒象，以及生活在俄國西伯利亞、經由薩哈林島遷徙而來的猛瑪象，代表了南北物種的衝擊和融合。

✺ 五大主題館

第一主題：北海道120萬年的故事

簡單介紹120萬年來和本州完全不同的北海道歷史。包括棲息在蝦夷地的動植物，續繩文時代(約2～7世紀)和擦文時代(約7～13世紀)在北海道的遺跡，德川幕府時期和愛奴人的商業貿易活動(米、鮭魚和熊皮等)，松前藩和愛奴人的關係和衝突，箱館開港，新舊幕府衝突和北海道開拓時期簡介等。

第二主題：愛努文化與愛努民族近代史

包括與愛努人生活相關的展示(獨木舟、屋舍、關幼棕熊的柵欄等)，漁獵方法和料理，服裝、配飾和樂器，開拓時期愛努人被不公平對待的歷史，以及現況簡述。

第三主題：北海道特色的祕密

介紹這塊北方大陸的人民如何生活，四季的特色活動，各地豐富的物產(漁農林礦業)，還展示了大正時期的火車內部示意模型。

第四主題：邁向我們的時代

從兩次的世界大戰開始介紹北海道的發展，戰後的復甦，為了解決本州資源不足而有計畫的大量移民和建設，包含河川整治、鐵公路興建等，以及石炭業的興衰、房舍建造與交通工具的演進等。

第五主題：北海道的生態系

介紹從明治時期以來，北海道的生態受到農工業發展，以及都市人口快速膨脹的影響，產生食物鏈的巨變。例如影響畜牧業的蝦夷狼，因大量被獵殺而絕種，進而導致蝦夷鹿失去天敵控制數量，大量繁衍、數量暴增，結果因食草不足而啃食樹皮，導致森林大量枯死，環環相扣的影響。

✺ 探索廣場

放置許多可觸碰的實品或模型，可親自接觸真跡、化石、古人使用的道具(如愛努樂器)等，滿足大人與小孩的好奇心，假日還會安排各種探索活動，非常有趣。

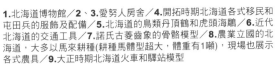

1.北海道博物館／2、3.愛努人房舍／4.開拓時期北海道各式移民和屯田兵的服飾及配備／5.北海道的鳥類丹頂鶴和虎頭海鵰／6.近代北海道的交通工具／7.諾氏古菱齒象的骨骼模型／8.農業立國的北海道，大多以馬來耕種(耕種馬體型超大，體重有1噸)，現場也展示各式農具／9.大正時期北海道火車和驛站模型

北海道旅遊路線

夏季花海路線

道南索蘭路線

新雪谷＋雷電國道之旅

十勝展望＋根釧野付國道之旅

日本海鷗羅隆之旅

飼牛之神苦心經營的百年農場
町村農場
(ミルクガーデン)

🌐 machimura.jp ✉ 江別市篠津183番地 ☎ 販售部
011-375-1920 🕐 每日09:30～17:30。不定休 ⏱ 1hr
🗺 P.231｜Mapcode：139 482 658*23

　　位在江別，明治15年由被稱為「飼牛之神」的町村敬貴創立，具有百年歷史的農場，標榜使用自行栽種的牧草搭配道產玉米飼育乳牛，產出特濃的町村牛奶。

　　最初農場的土壤不僅貧瘠、排水差，又極偏酸性，被稱為「農業は無理」(不可能發展農業)的土地，但町村先生沒有放棄，引進美國科學方法，在土裡埋入江別黏土燒製的陶管增加排水性，再灑上石灰中和土壤酸性，花了5～6年的時間改良土質，才終於能種植高品質牧草。

　　發展至今，道內已經有7處直營店，店內供應生乳、優酪乳、布丁和起司等乳製品，販售的牛奶屬於清爽型，非常順口，2樓休息區寬敞舒適，值得推薦。

1.舊農舍外觀，內有農具展示／**2.**牧場牛舍和農具展示／**3.**販售商品很多，有牛奶、奶油乳酪等

讓人欲罷不能的超軟Q麵包
Pasco夢パン工房野幌店

🌐 ppt.cc/fSBYJx ✉ 江別市西野幌107-1 ゆめちからテラス內 ☎ 011-802-8885 🕐 每日09:00～18:00。年始年末休
🗺 P.231｜Mapcode：139 245 412*85

　　使用道產牛乳、「春之戀」小麥粉與鄂霍次克海鹽製作的麵包，口感濕潤鬆軟。以熱水混合小麥粉、經低溫長時間發酵，磚窯燒烤的「超熟」吐司和「雪之女王」鹽麵包尤其受歡迎。這家麵包有多好吃？不愛甜食當早餐的誌麟姊姊本來只買兩個麵包試試口味，不到5分鐘吃乾抹淨，欲罷不能又加買，這才過足了癮。

1.野幌店外觀／**2.**內部空間很大／**3.**麵包種類很多，這款超熟吐司請務必要試試／**4.**雪之女王鹽麵包可頌，錯過會扼腕／**5.**蘋果餡的麵包，超推

北海道旅遊路線

夏季花海路線

道南函館路線

新雪谷＋雷電國道之旅

十勝展望＋根釧野付國道之旅

日本海鰊雞隆之旅

隱身在小鎮的美味炸雞
二代目とり家

http 2nd-toriya.jimdo.com ✉ 江別市野幌町75番地8
📞 011-389-8500 🕐 每日11:30～19:00。不定休
MAP P.231｜Mapcode：139 303 875*17

堅持不使用進口冷凍肉，只使用出生50～60天國產雞，一隻隻手工處理，並抹上祕傳鹽醃製，不管是剛炸好或冷了之後都很好吃。除了賣「半身揚げ」(炸半雞)之外，還有其他部位，如雞脖子、軟骨、雞屁股等，特別推薦砂肝，咀嚼時香氣四溢，不輸台灣鹹酥雞，但卻清爽不油膩。

小樽的「若雞時代」可能很多人都吃過，但這家位在江別的「關根流｜若雞半身揚げ」二代目とり家炸雞店並不會輸給若雞時代！

1.招牌炸半雞／2.二代目とり家／3.與老闆合影

地點超群的合宿設施
Pension優
(ペンション優)

http ppt.cc/fA7NZx ✉ 江別市西野幌113-1
📞 011-558-8894
MAP P.231｜Mapcode：139 245 292*57

位於野幌運動公園入口和野菜直售所之間，離江別市知名景點，以及北廣島市(三井廣島Outlet所在地)都很近。停車方便，是2～3個小家庭自駕者住宿的好選擇。

兩層樓的空間中，1樓為客廳、廚房和浴室，並有兩間房間；2樓有三間房，還有間裝滿漫畫的起居室。不附餐，但廚具、餐具應有盡有，需要採買糧食的話，往隔壁的野菜直售所走就對了。

野菜直售所供應早上現採、新鮮直送的生鮮蔬果，09:00開門就擠滿了主婦。連大

人氣的町村牛奶也買得到！懶得煮的話，從民宿門口左轉走個50公尺，就有中華料理「明珠酒家」。早餐就直接到隔壁10公尺的Pasco夢パン工房，悠閒享用新鮮出爐的美味麵包和咖啡等飲品。

1.Pension優
2.客廳
3.2樓房間
4.野菜直售所

美唄燒鳥，勞工朋友補充能量的美食
やき鳥たつみ

http www.bibai.net/tatsumi ✉ 美唄市西一条南1-1-15 ☎ 0126-63-4589 ◷ 週一～六11:00～21:00 ⧗ 0.5hr MAP P.79 | Mapcode：180 583 556*26

美唄曾是日本著名的採煤勝地，重勞力的工作非常需要能量補充，而美唄燒鳥則滿足了礦工下班時的飢腸轆轆。

市區內燒鳥店眾多，誌麟姊姊造訪的是在1968年開業的「やき鳥たつみ」，店內可選擇蕎麥湯麵、炒麵、生雞肉、漢堡肉搭配燒鳥串(當然來杯生啤也是剛好而已)，如果時間不夠也可外帶，但外帶只有精肉串和モツ串(內臟類)兩種串鳥燒可以選擇。食材皆使用備長炭燒烤，撒上鹽和胡椒粉簡單調味，可以吃出雞肉本身濃郁的香氣，尤其

是モツ串更是推薦，由肝、心、胗、腸和母雞體內的未成熟卵黃摻雜洋蔥片串成，口味複雜絕妙，請大家務必試試。

1.やき鳥たつみ店門口／**2.**廚房外觀／**3.**美味烤雞串

北海道必吃的美味泡芙
北菓樓砂川本店

http www.kitakaro.com ✉ 砂川市西1条北19丁目2番1号 ☎ 0125-53-1515 ◷ 09:00～19:00 ⧗ 1hr MAP P.79 | Mapcode：179 035 724*43

北菓樓是北海道著名的泡芙店，很多人都以為小樽店是本店，但其實它發源於砂川，正牌的本店也在這裡。本店設置開放式廚房，可以看見甜點的製作過程；另外還供應蛋包飯和義大利麵等輕食，還有甜點加飲料的套餐可供選擇。

1.砂川本店外觀／**2.**北菓樓最熱賣的泡芙

馬具工廠製作的高品質皮件
SOMÈS SADDLE

🌐 www.somes.co.jp ✉ 砂川市北光237-6
📞 0125-53-5111 🕐 每日10:00～18:00。年始年末休
⏱ 1hr 🗺 P.79｜Mapcode：179 065 115*53

　　發源於北海道歌志市，從1964年營業以來，就以製作高品質馬具為主，現以製作錢包、各式皮包等皮件為主，簡約細緻。公司名稱是取SOMMET(頂點)和SADDLE(鞍)兩字合併，使用高品質牛皮等素材，手工縫製馬具及配件，1989年明仁天皇繼位大典的馬車就是使用他家的馬具，2005年獲得經濟產業大臣優秀賞，更是在洞爺湖舉辦的八大工業國組織會議(G8)各國元首的伴手禮，之後名氣大漲，價格跟著上揚不少。

　　誌麟姊姊造訪的是在創立50週年時建立的砂川觀光工廠，當天正值日本「海之日」三連休，商品販售區有很多特價品提供選購，現場遊人如織，個個手拿臂挾，好像不用錢的樣子，只可惜誌麟姊姊是個粗人，不懂商品價值，兩串蕉空手而歸。

1.店內特賣區／**2.**店外大草皮的乘馬體驗區

票選道之駅第二名的霜淇淋
岩瀨牧場

🌐 www.iwasefarm.co.jp ✉ 砂川市一の沢273番地6
📞 0125-53-5778 🕐 每日09:00～18:00。年始年末休 ⏱ 0.5hr 🗺 P.79｜Mapcode：179 041 692*28

　　岩瀨牧場本店位在砂川市，擁有40公頃的牧場，2018年在原址蓋了餐廳，讓顧客能在更舒適的空間享用美味。商店裡每天提供十幾種口味的義式冰淇淋，也有蛋糕等讓人看了都很心動的乳製品。在砂川休息站分店(上下行各有一家)販售的霜淇淋，還被票選為北海道道之駅第二名。

1.門口招牌／**2.**砂川SA販售的霜淇淋／**3.**賣店內部／
4.種類豐富的義式冰淇淋

雪之美術館

🌐 yukibi.marryblossom.com ✉ 旭川市南が丘3丁目1-1 ☎ 0166-73-7017 🕐 09:00～17:00。年始年末休 💲 大人¥700，高中大學生¥500，中小學生¥400，幼兒免費

🗺 P.79 | Mapcode：79 367 228*58

　　雪之美術館在1991年開館，當時耗資45億打造，圓頂、拱門等都充滿了中古世紀拜占庭宮廷風格；位處旭川市郊區高處，可遠眺大雪山脈，風景優美。

　　一進門有個非常漂亮的紡織品《雪の紋章》和氣派的水晶吊燈。旭川是北海道內陸區，溫差很大，冬天氣溫經常比札幌低5～10℃，雖不是豪雪區，但因不同溫溼度，會有多樣的雪晶體，可在館內「スノークリスタルミュージアム」(雪晶博物館)看見200種各式雪晶體的顯微鏡照，藝術品般的雪晶體，讓人感受大自然造物的奧妙。「氷の回廊」一年四季展示高6米、寬62米的冰瀑，經過迴廊時超涼快！而最讓遊客驚歎，也駐足最久的就是音樂堂了，台上有吸睛的豎琴，天井是巨大的《北の空》油畫，歐式唯美空間，是日本人夢寐以求的結婚場所。

　　近幾年由於電影《冰雪奇緣》爆紅，雪之美術館又重新成為遊客熱門景點，觀光客眾多，好不熱鬧。

1.美術館外觀／**2.**音樂堂是許多日本人夢寐以求的結婚場所／**3.**氷の回廊／**4.**入口／**5.**音樂堂／**6.**雪晶博物館的牆面，展示200種在不同溫度濕度下的雪晶形狀

北方大地醸造的清酒
男山酒造資料館

🌐 www.otokoyama.com/museum 　📧 旭川市永山2
条7丁目1番33号 　📞 0166-47-7080 　🕐 每日09:00～
17:00。年始年末休

🗺 P.79 │ Mapcode：79 469 228*82

　　男山是創業300多年的酒廠，發源於關
西的「木棉屋」，當時醸造的「御免酒」
被當成江戶時代幕府的官用酒，原本稱為
「山崎酒造」，在1968年改名為「男山」。清
酒好喝的祕訣有三：好水、好米、優質醸造
技術。會選擇設
廠在旭川的原因
就是看上了這裡
大雪山萬年雪
融化的伏流
水，水質乾淨

清澈，清涼甘甜，並選擇品質優良的「山田
錦」品種米，精米步合*38%，製作出「男山
純米大吟醸」，是1977年世界食品評鑑大
會獲得「金獎」的第一瓶日本酒。

　　男山酒造資料館保存了創業以來的酒造
文化資料，包含文獻、造酒工具和酒器等。
免費入館，也可免費試飲清酒，或付費試
飲高價品，每年2月第二個週日還會開放酒
藏，讓大家試飲新酒。

* 指研磨後的米白占原糙米的重量百分比。

誌麟姊姊說

　　酒廠高價品的試飲很阿莎力，根本是倒
到表面張力，超滿的，比買整瓶還划算。
配酒的點心米香更是一絕，香脆可口，好
吃到爆炸，讓人搞不清楚是米香還是清酒
是主角了！

1.可以換裝扮成酒廠工作人員／**2.**資料館入口／**3.**酒廠鎮店之寶「男山純米大吟醸」／**4.**免費試飲區／**5.**超好吃
的配酒點心：米香

驚奇無限的小動物園
旭山動物園

http ppt.cc/fkqsmx ✉ 旭川市東旭川町倉沼
☎ 0166-36-1104 ⏰ 09:30～17:00 💲 大人¥820
MAP P.79｜Mapcode：79 357 898*16

　　名號響噹噹的旭山動物園是北海道第一的動物園，園內飼養了約150種動物，其中以擁有圓形水槽的海豹館、具有14公尺鐵架可供猿類攀爬的長臂猿館、設有巨大游泳池可供北極熊玩耍的北極熊館等最受人矚目。占地雖然不大，但小巧精緻，介紹展示牌都是手繪，很有溫度，尤其像便於讓遊客觀賞的圓柱形海豹通道、頑皮北極熊超震撼跳水、超可愛雪鴞180度轉頭都讓人驚呼不已。而最受歡迎的是冬季「企鵝散步」活動，每每吸引大批遊客前往觀賞。

1.長臂猿區／**2.**有溫度的手工繪製介紹版／**3.**北極熊區／**4.**可愛的小貓熊／**5.**雪鴞／**6.**冬季限定企鵝散步／**7.**遊園車

北海道旅遊路線

夏季花海路線

道南紫蘭路線

新雪谷＋雷電國道之旅

十勝展望＋根釧野付國道之旅

日本最鹽羅臾之旅

夏天的旭岳

北海道最高山

旭岳

http 大雪山旭岳纜車asahidake.hokkaido.jp/ja
✉ 上川郡東川町旭岳溫泉 ☎ 0166-68-9111
MAP P.150、229 | Mapcode：796 861 007*30

搭纜車到姿見站

　　如果自認體力不錯，誌麟姊姊超推薦在暑假可以安排旭岳行程。旭岳標高2,291公尺，是北海道最高山岳。雖然高度不比本州的山脈，但因緯度較高，可以看見本州3,000公尺以上才能觀賞的高山花卉，7月還能看見殘雪，尤其是姿見池的散步路線景色優美，值得一去。

　　要上旭岳，得先抵達旭岳溫泉，搭纜車到姿見站(5合目)，從姿見站開始往上走，大約要3～4小時才能登頂。

　　誌麟姊姊提醒大家，爬旭岳可不是爬陽明山，尤其是冬季，旭岳可是年年都有山友喪命。如果在「山頂站」發現天候已經不佳，千萬不要冒險登頂。站內有可樂餅，以及用旭山泉水泡的咖啡，在這裡吃喝一下就該下山泡溫泉了。另外，登山路線碎石不少，登山鞋、登山杖萬不可少，最好也要戴手套，而且氣候變化大，就算是夏季，一下雨溫度也可能降到個位數，保暖衣物、雨衣、食物和飲水一定要帶著！

　　山上容易起霧看不清方向，請依循登山步道前進，以免迷路，也要留意最後一班纜車的時間，免得下不了山就難過了。

多彩之丘──美瑛

　　美瑛介於旭川和富良野間，面積幾乎跟東京區一樣大。丘陵地形是由十勝岳噴發帶來的火山灰和泥流所形成。土壤色深，富含礦物質，適合種小麥和馬鈴薯，4～10月逢種植期，大片的白色和粉紅色的馬鈴薯花，配上延綿不絕、隨風搖曳的小麥，構成如詩的畫面；冬天一片雪白，也充滿寧靜之美。

　　探險家松浦武四郎在穿越十勝岳時發現了這裡，後由旭農場借地開墾，但直到1899年JR十勝線(現今富良野線)開通，才產生美瑛村與神樂村等住人聚落。

　　攝影家前田真三是把美瑛推向世界的功臣。他在縱貫日本的攝影旅行中來到這裡，長住下來並拍攝了四季美景，照片出現在許多廣告和電影中。他的美瑛宅邸現在改為拓真館，展示了許多絕美之作。

▶ 從旭川出發：沿國道237南下行駛即可抵達；從滝川出發。沿國道38東行，轉國道237北上即可抵達

拼布之路(パッチワークの路)＆景觀之路(パノラマロード)

　　要欣賞美瑛，以開車或騎車最方便，而「拼布之路」與「景觀之路」是最常被推薦的行程。體力好當然可以騎自行車，誌麟姊姊也曾挑戰過，但就算對體能很有自信的我，還是騎到唉唉叫，綿延不絕的丘陵起伏可不是開玩笑的。

美瑛風光

新榮之丘

北海道旅遊路線

夏季花海路線

道南奈蘭路線

新雪谷＋電電國道之旅

十勝展望＋根釧野付國道之旅

日本海鷗躍瀧之旅

欣賞彩色塊狀農田

拼布之路

以JR美瑛站為起始點，走訪6個景點。

MAP P.229 (*以下括號中為Mapcode)

1

JR美瑛站
(389 010 716*88) 起點

↓ 2.1km

亞斗夢之丘
(389 071 595)

↓ 1.5km

Ken & Mary之木
(389 071 727)

↓ 3.7km

Seven Star之木
(389 157 156*12)

↓ 1.3km

親子之木
(389 127 081*88)

↓ 2.0km

北西之丘
(389 070 315)

↓ 3.2km

Mild Seven之丘
(389 036 543*23)

↓ 4.0km

JR美瑛站

2

3

4

5 6

7

1.JR美瑛站／2.亞斗夢之丘／3.Ken & Mary之木／4.Seven Star之木／5.親子之木／6.北西之丘／7.Mild Seven之丘

涵蓋美瑛特色景點

景觀之路

一樣以JR美瑛站為起始，途經美馬牛站，串起8個景點。 MAP P.229

起點

JR美瑛站
(389 010 716*88)
↓ 4.1km

新榮之丘展望公園
(349 790 676)
↓ 2.5km

聖誕樹
(349 788 146)
↓ 2.0km

JR美馬牛站
(349 729 153*23)
↓ 0.8km

美馬牛小學校
(349 730 096*55)
↓ 1.1km

四季彩之丘
(349 701 156*27)
↓ 2.7km

拓真館
(349 704 363*03)
↓ 2.0km

千代田之丘
(349 734 411*14)
↓ 1.0km

三愛之丘
(349 792 477)
↓ 2.3km

紅屋頂之丘
(赤い屋根のある丘)
(349 791 783)
↓ 3.8km

JR美瑛站

1.新榮之丘(圖片提供／Jianzhou Chan)／2.聖誕樹／3.美馬牛小學校／4.四季彩之丘／5.拓真館／6.千代田之丘／7.三愛之丘／8.紅屋頂之丘

為阻絕火山泥流而形成的絕美堰塞湖
美瑛青池(青い池)

[C] 白金旅遊資訊中心0166-94-3355　[時] 0.5hr
[MAP] P.229｜Mapcode：停車場349 569 633*28

　　位在美瑛前往白金溫泉的路上，因為2012年被蘋果筆電設為電腦桌面照片而聲名大噪，較適合自駕前往，可以和上游的白鬚瀑布一起安排。

　　青池的成因，起源於十勝岳於1988年火山爆發，為了防堵泥流，因此在美瑛川建築堤防，產生了數個人造池，青池就屬其中之一。落羽松與白樺樹沉入水中枯萎，造成了奇特的枯木景象。

　　自白金溫泉流入大量富含鋁的水，均勻反射天空藍色，這就是青池呈現青藍色的原因，加上溫泉水帶有硫磺和石灰成分，在池底形成白色沉澱，使青池看起來更清澈動人。青池一年四季皆可觀賞，冬天部分時段夜間還有點燈，但最好的日子應該是在無風晴朗的白天。

1.青池／**2.**白鬚瀑布

令人難忘的美味法式晚餐
薰風舍

[http] www.biei.com/kumpusha　[✉] 上川郡美瑛町字美沢共生 [C] 0166-92-0992 [S] 附早晚餐，大人¥9,000，兒童分齡¥1,000～5,000(未稅)
[MAP] P.229｜Mapcode：349 767 026*16

　　誌麟姊姊最愛的美瑛民宿，應該非薰風舍莫屬。1994年開業，前庭整片廣大麥田，可飽覽十勝連峰。客廳裡Tannoy號角揚聲器和藏量豐富的CD顯示主人高雅品味；房間雖不是最新，但一塵不染。主人沉默寡言，曾在東京學習法國料理多年，一手好廚藝，不管是晚餐的鹹派、冷湯和義大利麵等料理，還是早餐的麵包、自製果醬、地產馬鈴薯泥和名店「步人」的手製培根與香腸，都讓住客留下好印象。推薦給喜歡寧靜的朋友(有小孩的家庭請控制一下孩子的音量和行為喔)。

1.薰風舍原本是由老闆和當音樂老師的夫人共同經營／**2.**晚餐時間／**3.**美味碎肉鹹派

美瑛丘陵最熱門的景點

四季彩之丘

http www.shikisainooka.jp/tc ✉ 上川郡美瑛町新星第3 ☎ 0166-95-2758 ⏰ 4、5、10月09:00～17:00。6～9月08:30～18:00。3、11月09:00～16:30。12～2月09:00～16:00 ⏳ 1hr
MAP P.229 | Mapcode：349 701 156*27

　　四季彩之丘面積達15公頃，是個不輸給富田農場的花田。5～11月，這裡依季節盛開著各種花卉，沿著丘陵地優遊其中，不僅美景盡收眼底，還兼具運動效果，園區也有觀光車或自駕遊覽車，不想走路的人可多利用。

　　園區內販售當地農家直送的蔬果和輕食(玉米尤其鮮甜)。園區旁有羊駝牧場，雖然不大，但很吸引小孩，還可以餵食。冬天有雪上摩托車等活動，若玩不過癮，可留宿這裡的WITH YOU民宿，設備雖簡單，但景色無敵，價格也合宜。

1～3.四季彩之丘／**4.**民宿WITH YOU

彩香の里

薰衣草大地——富良野

因成為日劇《來自北國》的拍攝地點而出名，夏天有滿山遍野的薰衣草，冬天是滑雪勝地，只要來過北海道的人，幾乎都會到此一遊

夏天遊人如織

周遊富良野

從美瑛往富良野的特色景點，行程可參考右列。MAP P.230

富田農場

森林精靈露台

行程
JR美瑛站 **起點** (389 010 716*88)
↓ 12km
雲霄飛車之路 (349 698 551*35)
↓ 10km
日之出公園 (349 463 251*32)
↓ 5.3km
富良野八景江花 (349 397 708)
↓ 5.4km
富田農場 (349 276 889*60)
↓ 1.0km
中富良野町營薰衣草園 (349 276 004*76)
↓ 2.5km
彩香之里 (349 244 385*01)
↓ 6.3km
富良野果汁工廠 (349 091 840*28)
↓ 2.1km
富良野葡萄酒工廠 (349 060 668*67)
↓ 6km
富良野起司工廠 (550 840 171*84)
↓ 3km
富良野

視覺魄力滿分的鄉間小路
雲霄飛車之路
(ジェットコースターの路)

⏱ 10min 🗺 P.229
Mapcode：美瑛入口349 698 551*35
　　　　　富良野入口349 574 689*51

這是一條沿著山丘地勢起伏舖設的道路，只有2.5公里，雖不像上富良野八景「江花」那麼長而筆直，但高低差大，很具視覺衝擊力，又處於制高點，附近農田與十勝岳美景都能盡收眼底。來到這裡不免俗會拍幾張躍起照，也有遊客會趴在馬路中央拍照，開車經過或拍照時請注意安全。

1.秋天色彩繽紛的雲霄飛車之路／2.大家最愛的跳躍拍照

北海道知名度最高的露營場之一
日之出公園

公園
🌐 ppt.cc/f4p5xx ✉ 空知郡上富良野町日の出
⏱ 1.5hr 🗺 P.230 | Mapcode：349 463 251*32
露營場
🌐 ppt.cc/fOKNhx ✉ 空知郡上富良野町東2線北27号 ☎ 0167-39-4200 🕐 08:30～20:00 💲 入場費每人¥500，小學生以下免費。有電個別營位¥3,000，露營車位 ¥4,000，6人豪華木屋¥12,000
🗺 P.230 | Mapcode：349 463 168

上富良野是日本最早栽種薰衣草的地區，日之出公園更是受到遊客歡迎，由於地理位置優越，又有廣大且設備完善的露營場（日の出公園オートキャンプ），在這幾年幾乎成為最受台灣人青睞的露營勝地，每到暑假期間一位難求。使用日的兩個月前可以預約，所以請盡早預約訂位，免得向隅；自

由營位區無法預定，要當天早上開門前排隊，額滿為止，尤其是海之日或盂蘭盆節，很早就滿位，只能一大早來排隊。

1.日之出公園薰衣草園／2.公園內的愛之鐘

直線道路的360度超廣角景觀
全景立體圖道路江花
(パノラマロード江花)

📷 開過即可　🗺 P.230｜Mapcode：349 397 675*30

長達5公里的筆直下坡道

　　位在富良野的一條長達5公里的筆直下坡道，可以從高處觀賞到兩旁一片片的拼布田，而正前方面對的就是十勝連峰，視野開闊，最適合夏天前往。

　　請開車或騎自行車的遊客注意，這一段道路筆直，很容易失去速度感，而且橫向道路不少，夏季車流量也多，請開車多加小心，並遵守交通規則。

鄰近富田農場的薰衣草農場
彩香之里

🌐 ssvr7.jp/saikanosato/access　✉ 中富良野町字中富良野西1線北12　☎ 0167-56-7441　🕐 6～9月每日08:00～17:00。冬季休　🗺 1hr
🗺 P.230｜Mapcode：349 244 385*01

　　如果想較清靜地逛薰衣草農場，可以多開一點路來彩香之里。6公頃的山坡種滿了8種品種的薰衣草，大片迷人的紫，配上飄散的薰衣草香，散步其中，令人陶醉。賣場也販售乾燥薰衣草、薰衣草精油等商品，但請記得薰衣草切花和乾燥品因為有種子，不能進台灣海關。

2

1. 薰衣草採收從7月中起／**2.** 滿片紫色丘陵／**3.** 餐廳和賣場

1

sky007.jp

3

1

農場花海人氣No.1
富田農場
(ファーム富田)

http www.farm-tomita.co.jp ✉ 空知郡中富良野町基線北15号 ☎ 0167-39-3939 ⏰ 販賣部08:30～18:00
⏱ 1.5hr MAP P.230 | Mapcode : 349 276 889*60

擁有日本最大的薰衣草田，是由19世紀來自福井的富田德馬在富良野栽種薰衣草開始，後來因夏天薰衣草盛開的美景，登上JR日曆聲名大噪，也因自製的薰衣草精油，受到法國薰衣草油評鑑會評賞為第一名，因此揚名世界。農場會依不同時節種植不同的花種，如春天的罌粟和三色菫、夏天的薰衣草和滿天星、秋天的醉蝶花和萬壽菊等接力競演，連冬天都可以看到溫室內種植的薰衣草，後方丘陵上的帶狀彩色花田，尤其值得一看。

園區內販售乾燥和新鮮的薰衣草，以及精油、香皂等相關產品。餐廳供應咖哩飯、可樂餅與當地蔬菜等輕食；咖啡廳則有薰衣草和哈密瓜口味的冰淇淋、蛋糕和馬卡龍等，逛累時可以喝個下午茶，讓錢包的福澤諭吉紛紛出走。7月薰衣草盛開的季節，人潮宛如西門町，人手一支冰淇淋，塞車也是屢見不鮮。

1.彩色花田／**2**、**3.**哈密瓜專賣店，也販售哈密瓜霜淇淋／**4.**農場裡的花人之田

2

3

4

富良野的冬夜美景

森林精靈露台
(ニングルテラス)

http ppt.cc/fiYTjx　✉ 富良野市中御料(新王子大飯店內步行2分鐘)　☎ 飯店0167-22-1111　🕐 每日12:00～20:45(7、8月10:00起)。11月不定休　⏱ 1.5hr
MAP P.230｜Mapcode：919 553 426*38

精靈露台木棧道點燈

藝品商家，提供工藝品DIY課程，還有咖啡店和小酒吧，可以豐富你的夜晚。

誌麟姊姊說

這裡交通不便，能自駕最好，不然可請飯店叫計程車。冬天也有增開巴士往返森林精靈露台與富良野火車站，但班次不多，要注意發車時間。另外木棧道高高低低，不好推嬰兒車，請家長多注意。

　　北海道大都市以外的地區，到了天黑，除了食堂和居酒屋外，幾乎沒有商家營業，晚上只能乖乖窩在旅館。但森林精靈露台冬季的夜間投射燈光，配上白雪反射，相當唯美浪漫，很值得出門去冷一下。

　　露台位在富良野市西南方、富良野新王子大飯店內，是日劇《來自北國》的拍攝場景之一，也是傳說中有小精靈出沒的森林！木棧板走道連結15間小木屋，有些是手工

留學非洲、熱愛重機的帥氣老闆

Mr. GNU (ミスター・ヌー)

http www.aurens.or.jp/~mr-gnu　✉ 空知郡上富良野町西12線北35号2224-46　☎ 0167-45-6662　🕐 入住15:00起，退房10:00前　💲 附早晚餐大人¥6,000，4～12歲¥3,000～4,000(未稅)。亦可選擇不附餐
MAP P.229｜Mapcode：349 697 721

　　Mr. GNU的主人富永純平，出生羅馬，中學回日本就學，因想成為動物保護官到非洲坦尚尼亞的野生動物管理大學留學，在1992年騎重機到北海道旅遊時，感受到北國大自然的脈動和富良野的景色魅力，於是定居富良野並開設民宿。GNU是他在摩托車雜誌投稿的筆名，原意是指非洲牛羚在旱季為尋求水草而進行遷徙的行為。

精通義、英、日三國語言的他，英文溝通不成問題，餐點都與妻子一起包辦，大家在客廳邊吃邊聊，食物雖然簡單，但不失美味。夏季很熱門，請儘早訂房。

1.Mr. GNU坐落在上富良野山丘上／2.陽台，天氣好的話可遠眺拼布之路和十勝連峰／3.晚餐

榮獲全國農林水產大臣賞

大橋櫻桃園

http ppt.cc/fjUkgx │ ✉ 芦別市上芦別町469番地
☎ 0124-23-0654 │ ⊙ 7月上旬～8月下旬09:00～
17:00 │ 💲 ¥1,300～2,800(依園區不同) │ ⏱ 1hr
MAP P.79 │ Mapcode：450 518 755*03

芦別有9成是山林地，旅客通常是經此前往富良野，並不會稍加停留。如果是夏天來玩，誌麟姊姊推薦可以增加一個景點，那就是大橋櫻桃園。

大橋占地4萬7千平方公尺，比東京巨蛋還大，從1970年開始栽種櫻桃，堅持使用有機肥料栽培，並在第7屆全國果樹大獎賽獲得「全國農林水產大臣賞」的最高榮譽。

園內總共栽種30品種以上、1,500棵的櫻桃樹，包含著名的佐藤錦、南陽、月山錦等品種，全園覆蓋遮雨棚，下雨天還是能享受採櫻桃的樂趣。而園方為了讓小朋友也能輕鬆採摘，使用獨特的修枝法將樹枝矮化；為了讓身障者也能體驗，特別開闢了無障礙空間的「銀園」區，還可免費出借雨鞋、野餐墊、雨傘等物品，相當貼心。商品區內販賣櫻桃果醬、櫻桃醋、櫻桃派與蛋塔等相關商品。

工作人員都很熱情，也有許多穩固的小樓梯方便摘取高處的櫻桃，非常貼心，還會教導如何吃才會讓櫻桃更美味(就是不要小鼻子小眼睛一顆一顆慢慢吃，一次塞一大把進嘴巴，才能更顯美味)，現場吃到飽費用不高，但如果想多摘點回去享用，就要秤重計費，姊姊覺得單價不低，不如去超市採購更便宜。

1.櫻桃園門口／**2、3.**滿樹令人垂涎的櫻桃

北海道旅遊路線

夏季花海路線

道南柔蘭路線

新雪谷＋雷電國道之旅

十勝展望＋根釧野付國道之旅

日本海鷗鷚路之旅

人潮洶湧的熱門休息站

砂川休息站

http ppt.cc/fWNQox ✉ 砂川市空知太490-2
☎ 0125-53-3797
🕐 販售部07:00～21:00，餐廳09:00～19:00，加油站08:00～20:00
MAP P.79 │ Mapcode：179 096 207*74

砂川休息站

如果要談到北海道最熱門的休息站，應該是非砂川莫屬了。

砂川休息站位在連結北海道最大的兩都市：札幌和旭川之間，旅客川流不息，站內販售許多特色美食和地方特產，有使用新鮮牛乳製成的岩瀨牧場冰淇淋和甜甜圈，琳瑯滿目的各地特色物產，使用砂川牧場的豬腿肉和地產洋蔥烹調的香煎豬排定食，超有名氣的旭川拉麵，連很夯的北菓樓泡芙也在這裡，供應各式口味的泡芙和甜點，讓忙著趕路的旅客，或是血糖降低的旅客滿足空虛的胃，適時補充血糖。

曾獲日本城市公園100選

北海道兒童之國
(北海道子どもの国)

http ppt.cc/fk5jNx ✉ 北海道砂川市北光401-1
☎ 0125-53-3319 🕐 4月下旬～11月上旬 09:00～17:00 ⌛ 2hr
MAP P.79 │ Mapcode：179 067 279*70

從砂川休息站可以直接通到「北海道子どもの国」，這個道立自然公園占地232.5公頃，園區內棲息著許多野生動植物，也有縮小版的「世界七大奇蹟」建築。

室內外遊具也沒有缺席，像溜滑梯與彈跳床等都有，下雨天也OK。玩累了不想走？那就留下來露營吧！小孩開心放電，大人們也能盡情享受戶外露營的樂趣。唯一要煩惱的是，怎樣才能讓小孩願意離開公園，進行下一個行程啊……

1.室外遊樂區／2.室內館溜滑梯／3.彈跳床／4.室外鐵製攀爬設施(以上圖片提供／Charles Hung)

道南索蘭路線

　　這條橫跨道南西岸沿海的路線，串聯了函館、木古內、松前、上之國、江差等沿海鄉鎮，是北海道最早開發、也是最具人文和歷史的地區。但由於經濟衰退、北前船榮景不再、政治重心移轉至札幌等因素，因此現在除了函館之外，其他城鎮的遊客並不多。

　　話雖如此，日本最北的城下町松前、北海道最早文化發源地江差，以及因開港而充滿異地風情的函館，都值得造訪，而沿途中也可見新舊政府戰爭所遺留的許多遺跡，多少英雄也曾在此留下悔恨眼淚。

　　別再說北海道沒什麼歷史和文化了，讓我們一起穿越時空，回到1,200年前藤原氏剛登陸江差的時刻吧！

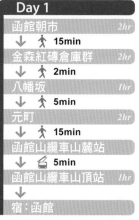

Travel Plan

Day 1

函館朝市	2hr
↓ 🚶 15min	
金森紅磚倉庫群	2hr
↓ 🚶 2min	
八幡坂	1hr
↓ 🚶 5min	
元町	2hr
↓ 🚶 15min	
函館山纜車山麓站	
↓ 🚡 5min	
函館山纜車山頂站	1hr
↓	
宿：函館	

Day 2

土方歲三最期之碑	10min
↓ 🚗 0.5hr	
五稜郭公園	3hr
↓ 🚗 0.5hr	
大沼公園	4hr
↓ 🚗 1hr	
宿：函館	

Day 3

函館	
↓ 🚗 1hr	
道之駅みそぎの郷きこない	15min
↓ 🚗 1hr	
白神岬	10min
↓ 🚗 15min	
松前城	2hr
↓ 🚗 5min	
道之駅北前船松前	15min
↓ 🚗 1hr	
道之駅上ノ国もんじゅ	0.5hr
↓ 🚗 5min	
夷王山展望台	1hr
↓ 🚗 0.5hr	
鷗島	2hr
↓ 🚗 10min	
宿：江差	2hr

Day 4

江差	
↓ 🚢 3hr	
奧尻島	6hr
↓	
宿：奧尻	

Day 5

奧尻	
↓ 🚢 3hr	
江差	
↓ 🚗 5min	
江差市區	4hr

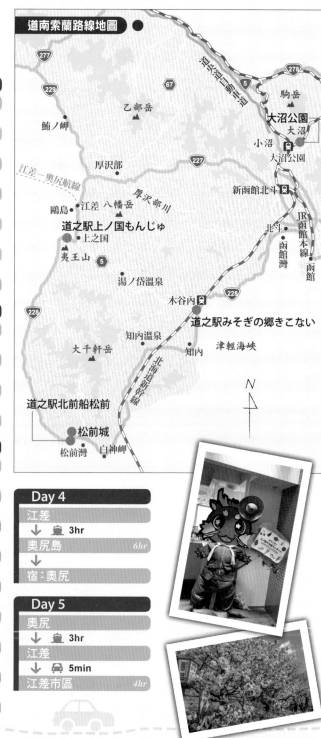

道南索蘭路線地圖

浪漫異國風情——函館

函館的介紹，請速翻「北海道城市介紹」P.47，複習完就可開始探索這座城市了！

每年吸引150萬觀光客

函館朝市

http www.hakodate-asaichi.com ✉ 函館市若松町 9-19 ☎ 0120-858-313 ⏰ 1～4月06:00～14:00，5～12月05:00～14:00。終年無休，店鋪營業時間各異 MAP P.232｜Mapcode：86 072 344*52

位於面對JR函館站的左邊，是北海道最大規模的市場，面積超過1萬坪，店鋪多達250家。販售各式海鮮、南北貨、新鮮蔬果，還可現點現煮，當然，供應各式丼飯或定食的海鮮食堂也沒有少。小孩也可嘗試朝市內特別的釣魷魚。

這裡永遠擠滿了各國觀光客，食堂的菜單幾乎都有中英文翻譯，甚至連店員都還會流利地跟你說「你好」、「很便宜呦」，四周常是講華語的自家人，會讓人有點錯亂。由於是觀光級市場，自然價格也不低，建議多多比價，運氣好還能小殺一下價。

1.朝市外觀／2.市場發源地地標／3.朝市內自由座位，可以點好後在這裡吃／4.市場內各式賣店／5.元氣滿滿的帝王蟹，可現點現吃

北海道旅遊路線

夏季花海路線

道南索蘭路線

新雪谷＋雷電國道之旅

十勝展望＋根釧野付國道之旅

日本海鷗羅隆之旅

另類隱藏美食
かもめ

✉ 函館市若松町8-8 ☎ 0138-22-1727 ⏰ 每日 06:00～15:00。不定休 💲 鹽味拉麵￥600，海鷗拉麵 ￥1,200 🗺 P.232｜Mapcode：86 072 285*78

拉麵店「かもめ」(海鷗)就位在函館朝市 正對面(場外)，除了提供正統的函館塩味 拉麵，也有海膽拉麵和擺滿了各式海鮮的 海鷗拉麵，別小看它外觀舊舊暗暗，這家 可是日本天團GLAY主唱Teru先生的愛店！ 如果道友也像誌麟姊姊一樣，在補充過超 量膽固醇後，會對一坨桃黃色海膽心生排 斥，非常建議來這家看似平淡無奇的拉麵 店吃吃看。

1、2.かもめ拉麵店／**3.**海膽拉麵

海天一線的石板道
八幡坂

✉ 函館市末広町
🗺 P.232｜Mapcode：86 041 512*65

幾乎和函館山夜景齊名的八幡坂，就位 在金森紅磚倉庫群末端，是眾多電影和廣 告的取景地。「坂」是斜坡街道之意，八幡 坂是因這裡原有座八幡神社而命名，不過 神社因火災已移地重建。

這條路全長僅270公尺，連接元町和港 區，坡度不小，站在坂頂，兩旁綠樹、石板 道、坂尾的海港加上藍天白雲，構成一幅絕 美風景，晚上漁港燈火和摩周丸觀光船互 相輝映，也是許多攝影師必拍景色，若冬季 來此，兩旁路樹還會點燈，超有聖誕氣氛。

由八幡坂上望下函館港

由八幡坂下望上函館山

見證開港歷史的建築群
金森紅磚倉庫群

http hakodate-kanemori.com ✉ 函館市末廣町14番12號
☎ 0138-27-5530 MAP P.232 | Mapcode：86 041 643*02

　　　　　　　　培里黑船來
襲後，函館、橫濱和長崎成為第一批開放通商的港口，金森紅磚倉庫是當時的營業倉庫，共有5棟，一直以來都見證著函館歷史點滴。

　　整個倉庫群分為三區，BAY函館、函館歷史廣場和金森洋物館，吃喝玩樂樣樣具備，可在下午時前往，在海港旁的街道散步，欣賞洋化的商店建築，彷彿進入大正時期的浪漫時代。

1.冬季夜晚的金森倉庫(圖片提供／趙霆)／2.傍晚的金森倉庫，最是迷人

北海道小典故

金森紅磚倉庫創建者 ——渡邊熊四郎

　　渡邊熊四郎，九州大分縣人，24歲時隨著輸送船「箱館丸」從長崎抵達函館，後來因販售海產乾貨和舶來品賺了錢，便開設「森屋」販售外國商品，事業蒸蒸日上，還設立銀行、學校與新聞等公共事業，為當時的「函館四天王」之一，並跨足倉庫業，在港口旁蓋了木造倉庫，這就是金森倉庫的前身。1907年函館大火，倉庫全毀，後來才重建為5棟紅磚建材的防火倉庫。

　　熊四郎曾旅行世界一周，回國後便在函館設立啤酒釀造所，亦即現今函館啤酒廠的前身。元町公園還設立了當時對此地有莫大貢獻的函館四天王像。

北海道旅遊路線

夏季花海路線

道南索蘭路線

新雪谷＋留萌國道之旅

十勝展望＋根釧野付國道之旅

日本海鷗雞隆之旅

過往外國人居住地
元町

✉ 觀光案內所：函館市元町12-18　📞 0138-27-3333
🅼🅰🅿 P.232｜Mapcode：86 040 467*21

　　函館開港後，許多外國人到當地居住，
於是在元町蓋了領事館、教會和洋式住
宅。這些建築都被保留下來，氣氛跟神戶
異人館一帶類似，但多了一些清靜。

　　這裡是下午散步的好地方，舊英國理事
館、舊函館區公會堂、東正教教堂、羅馬
天主教堂、chacha坂道，各有各的特色，
逛完後剛好可以直接坐纜車上函館山觀
賞夜景。

1.迷人的石坂道／2.元町公園／3.東正教教堂／4.舊
函館區公會堂

悲劇英雄捐軀之地
土方歲三最期之碑

✉ 函館市若松町33
🅼🅰🅿 P.232｜Mapcode：86 073 845*31

　　離JR函館站步行15分鐘，位在函館市綜
合福祉中心旁，若松綠地公園內，此為「一
本木関門」遺跡，舊政府軍陸軍副司令土
方歲三在一本木関門一夫當關，力阻自七
重濱大舉進犯的新政府軍，卻不幸中彈身
亡，空留悔恨。

　　這裡復原了一本木関門原貌，並設了「土
方歲三最期の地碑」來弔念這位悲劇英
雄，每每到此都可以看到人們供奉的鮮
花，表示對土方的懷念之意。

一本木関門是土方歲三戰死之地

誌麟姊姊心中No.1夜景
函館山夜景

http 334.co.jp/cht/ **✉** 函館山纜車：函館市元町19-7
☎ 纜車0138-23-3105，餐廳0138-27-3127
MAP P.232 | Mapcode：86 009 717*38

　原為日本三大夜景之一，現在雖然地位被札幌藻岩山夜景取代，但結合山景、海灣、元町教會群的夜景，仍是誌麟姊姊心目中北海道的No.1。

　要前往函館山，可利用纜車、登山巴士、計程車和自駕，也可步行，但上山有季節和時間限制，請注意官網訊息。山上人潮眾多，而且風大，保暖衣物要帶。山上有Legato和Genova兩家景觀餐廳，價格不高，口味也不賴，如果不想在外吹風掛兩行鼻涕，入內可透過大片觀景窗，優雅地欣賞函館山夜景。

1.函館山纜車／**2.**函館山鳥瞰市區／**3.**萬家燈火

讓人流連的自助晚餐

湯之川溫泉 ホテル万惣

🌐 www.banso.co.jp ✉ 函館市湯川町1丁目15-3
📞 0138-57-5061 💲 每人¥10,000～¥12,000(未稅)
🗺 P.232 | Mapcode：86 079 855*12

　　湯之川溫泉位在函館市東部，是北海道三大溫泉鄉之一，開湯歷史溯及1653年，據傳當時第九代的松前藩主高廣體弱多病，在此地泡湯才痊癒，現在湯之川的吉祥物就是以高廣的乳名「千勝丸」命名。

　　湯之川坐市電可達，離函館機場開車也只要5分鐘，這裡的溫泉飯店提供日歸泡湯或住宿服務。其中，万惣是中西式混合裝潢，大廳5米高的銅板裝飾暖爐非常吸睛，大浴場「湯藏」有露天風呂、寢湯、泡泡池、壺湯等多種設施，泡完湯可在休息室免費喝飲料、吃冰棒。晚餐是自助餐，可別小看了這裡的自助餐，有真正的現做壽司和生魚片、鐵板燒、炸物、五島軒咖哩、

螃蟹、拉麵等，質量兼具，讓姊姊吃了讚不絕口，最後一刻都還捨不得走。

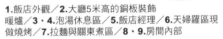

1.飯店外觀／2.大廳5米高的銅板裝飾暖爐／3、4.泡湯休息區／5.飯店經理／6.天婦羅區現做燒烤／7.拉麵與關東煮區／8、9.房間內部

1

見證歷史的賞櫻名所

五稜郭公園

http ppt.cc/fg4FKx ✉ 函館市五稜郭町44-1
📞 箱館奉行所0138-51-2864
🕐 奉行所4～10月09:00～18:00，11～3月至17:00。
展望台4/21～10/20為08:00～19:00，其他日期
09:00～18:00 💲 奉行所大人¥500，學生¥250。
展望台大人¥900，學生¥450～680
MAP P.232｜Mapcode：86 166 277*14

　　五稜郭興建，是因奉行所原本蓋在函館
山麓，難以抵禦攻擊，故在1857年由武田斐
三郎仿造歐洲「稜堡式」的築城樣式，配合
布設大砲而形成星形防禦結構，於1864年
完工，為日本首座洋式城郭。

　　五稜郭歷經箱館戰爭，曾為新政府練兵
場，也曾是著名「函館冰」產地，在1914年
對外開放成為公園，在這10年間種植了上

萬棵染井吉野櫻，現已成北海道著名的賞
櫻勝地，而秋楓與冬季點燈也很吸引人，遊
客絡繹不絕。

　　公園以「箱館奉行所」為中心，原本的舊

北海道旅遊路線

夏季花海路線

道南索蘭路線

新雪谷＋雷電國道之旅

十勝展望＋根釧野付國道之旅

日本海鷗羅隆之旅

建物建成後7年便被拆除，現存的建物是在2010年使用原本建築工法重建。館內展示大量史料，其中有一台介紹歷史人物的機器非常有趣，把人物的牌子放在定位，就會出現那個人物的生平，不妨操作看看。

1964年，為了紀念五稜郭建成100週年，蓋了高60米的五稜郭塔。5月會舉行「箱館五稜郭祭」；12～2月從傍晚至20:00在公園與五稜郭塔有時會有「五稜星之夢」的點燈活動。

新建的五稜郭塔高107公尺，上有展望台，五稜郭的星形結構清楚可見，天氣好可遠眺函館山和津輕海峽，樓板鋪設強化玻璃的「透視樓層」可直接看到地面行駛的汽車。展望台裡介紹箱館戰爭的歷史，並有悲劇英雄土方歲三的銅像，像誌麟姊姊一樣的歷史控請勿錯過！商品區和餐廳在1、2樓，函館著名的「五島軒咖哩」也在此設分店，讓你吃喝玩樂一網打盡。

1.從五稜郭塔拍五稜郭公園／2.五稜郭塔外觀／3.展望台內部／4.2樓的五島軒咖哩／5.1樓土方歲三像和當時陸軍大砲／6.五稜郭塔下櫻花盛開／7.箱館奉行所／8.五稜郭建造者武田斐三郎紀念碑

一年四季都好玩
大沼公園

http www.onuma-guide.com ✉ 亀田郡七飯町字大沼
町568-3 ☎ 0138-67-2170
MAP P.105｜Mapcode：86 815 506*60

西元1640年駒岳火山爆發，山體結構崩塌，崩落的土石阻擋了折戶川的流向，形成了大沼、小沼和蓴菜沼。大沼位在七飯町，面積達5.3平方公里。

大沼公園春天可賞櫻，夏天可騎自行車環湖(14公里)，也有天鵝船、獨木舟或觀光船遊覽湖上風光，或體驗乘馬、騎賽格威等活動。秋天是賞楓名所，冬天可釣公魚、騎冰上摩托車或雪地健行，體力好的遊客還可挑戰駒岳登山。

JR大沼公園站旁邊是觀光案內所，建議先去蒐集資料，對面是餐廳，有提供定食，中午門庭若市，外面也有自行車租借，也可走到下個路口的「森」商店，租借動力輔助自行車，相對輕鬆。

1.JR車站旁的觀光案內所，有許多資料可以拿／2.可租借小艇自己遊湖／3.森商店可租借腳踏車(有動力輔助)／4.大沼望向駒岳(圖片提供／黃肇陽)

木古內・松前・上之国

位在道南西南方，氣候溫暖舒適，是北海道最早發跡和擁有歷史建築的區域。

北海道旅遊路線

夏季花海路線

道南索蘭路線

新雪谷＋電電國道之旅

十勝展望＋根釧野付國道之旅

日本海鷗瀠隆之旅

人氣道之駅
道之駅みそぎの郷きこない

http kikonai.jp ✉ 上磯郡木古內町字本町338-14 ☎
0139-22-3161 MAP P.105 | Mapcode：584 652 020*26

道之駅在新幹線木古內站對面，這裡也是木古內的觀光交流中心，裡面詳細介紹寒冬禊祭的由來和祭典內容，也集合了道南9個町的代表性商品，還有香濃好喝的山川牛奶，再加上站內非常乾淨漂亮，奠定了它超人氣的地位。

到底有什麼魔力，能讓人口僅4,200人小村落的道之駅，成為2018和2019年票選第一名，並達成150萬人到訪的里程碑？

木古內佐女川神社有個延續200年的寒冬禊祭(寒中みそぎ祭り)，為了保佑順產、交通安全和祈求漁獲豐收，在每年1月15日寒冬，由4位挑選的青年來代表別當、稻荷、山の神、弁財天4位神明的御神體，先用佐女川的寒冷河水灑水淨身，清晨再衝入津輕海峽洗去汙穢，是個非常勇敢的祭典活動。

1.站內集合了道南9町的特色物產／2.道之駅外觀／3.道之駅對面就是木古內火車站／4.非常有名的山川牧場牛乳

北海道唯一的日式城堡
松前城

http www.asobube.com(點入「松前辞典」>「松前城‧松前城資料館」) ☒ 松前郡松前町字松城
☎ 0139-42-2275 ⏰ 4/10～12/10每日09：00～17：00 💲 大人¥360，中小學生¥240
MAP P.105 | Mapcode：862 058 253*58

松前城舊稱福山城，當時是德川幕府為了統整北海道資源在此設立松前藩，由第一代藩主松前信廣在1606年築城，並經多次修建而成，占地78,000平方公尺，是日本最晚建造的日式城堡，也被列入日本百大名城之一。

原本天守閣本體是三層的木造建築，雖躲過箱館戰爭和二戰的摧殘，但卻不幸在1949年毀於火災，現在的天守閣則是在1961年重建的水泥建築。

松前城最適合拜訪的時期是4～5月，整個城區種滿了250種、一萬多株櫻花，由於不同品種花期不同，觀賞期很長，尤其是「南殿」品種的櫻花，花形大、顏色淺、花瓣數多，深得誌麟姊姊喜愛。這些櫻花是由京都移居到松前的藩主和商人們，為了回憶故鄉，在「參勤交替」(來回江戶參見將軍)時由本州移植過來，非常珍貴。

1.松前城入口／2.松前城第13代藩主——松前崇廣／3.描繪松前繁榮景象的松前屏風，小玉貞良畫／4.櫻花盛開的松前城(圖片提供／王小凱)

北海道旅遊路線

夏季花海路線

道南索蘭路線

新雪谷＋雷電國道之旅

十勝展望＋根釧野付國道之旅

日本海鰊羅隆之旅

北海道最南地標
白神岬

✉ 松前郡松前町
MAP P.105｜Mapcode：676 219 431*08

　　白神岬位在松前町，是北海道地理位置最南端，也是百萬過境鳥的中繼站，和本州隔著津輕海峽，與青森大間崎僅隔15公里，停車場有個「北海道最南端」紀念碑可以拍照，順路可參觀白神岬燈塔（它其實才是真正北海道最南端）。

1.白神岬和本州的相對位置圖／**2.**白神岬地標

記錄城下町繁華的道之驛
道之驛北前船松前

http michinoeki-matsumae.jp ✉ 松前郡松前町字唐津379 ☎ 0139-46-2211
MAP P.105｜Mapcode：862 028 788*16

　　位在國道228沿線，可欣賞津輕海峽的美景，以前曾是松前城港口，現在還存留當時港口遺跡。站內有製作精美的北前船「長者丸」縮小模型，並設有北前食堂，可嘗到當地捕獲的黑鮪魚和鮑魚，新鮮又美味。

1.道之驛外觀
2.北前船長者丸的縮小模型
3.北前食堂
4.港口遺跡

賞壯麗日本海的絕佳地點
道之駅上ノ国もんじゅ

🌐 www.kaminokuni.com ✉ 檜山郡上ノ国町字
原歌3 ☎ 0139-55-3955
🗺 P.105 | Mapcode : 807 791 655*88

　　這是個許多重機或單車客會停留歇息的
地方。坐落在日本海旁、夷王山腳下,站內
落地窗超過180度的超廣角視野,不只可見
沿海的眾多奇岩,也是欣賞日本海的絕佳

地點。曾獲得《北海道Walker》雜
誌「絕景感動部門賞」金獎。

　　內部販售上之国的豐富物產,
以及魚乾、小管乾等各式水產加
工品,還有讓人垂涎的生海膽;就
算對海產沒興趣,在炎炎夏日進來
買支美味霜淇淋,靜靜坐著傾聽海
浪拍打聲,再跟這裡的龍神娃娃立
牌合照一下,也很有趣。

1.美味霜淇淋／**2.**上之国有龍神傳說,這是當地吉祥
物龍神娃娃／**3.**入口／**4.**落地窗外是日本海絕景

日本海絕景盡收眼底
夷王山

✉ 檜山郡上ノ国町字勝山
🗺 P.105 | Mapcode : 807 762 720*32

　　位在上之国町,標高159公尺,自古即是
松前大名蠣崎氏一族的居館,上有祭祀藥
師如來的夷王山神社,山腳下就是以前熱
鬧非凡、曾和本州進行貿易的大潤港和天
之川河口,遠望可看見奧尻和渡島大小島,
風景優美。夷王山一帶都歸屬於「檜山道
立自然公園」,這裡有多達500種以上的花
草植物,旁邊的勝山館跡,已有600多年歷
史,據說是當時松前藩主武田信廣的山城

從夷王山遠眺日本海的美景

遺跡,傳言武田信廣死後就埋葬在山頂墳
墓群內。

　　6月中的週末會有夷王山祭典,有耕種馬
競速比賽、歌謠大會,現場還有屋台及各
種攤位,好不熱鬧。

昔日經濟重鎮──江差

　　江差，位在北海道西南角，距函館80公里，是個人口7,000多人的寧靜小鎮。漫步在江差古街「いにしえ街道」上，三三兩兩的路人和稀稀落落的車流，很難想像它曾是北海道最熱鬧的城鎮，這個一度為北海道頭號花魁的地方，在鯡魚業沒落之後，也跟著洗淨鉛華，回到樸實的一面。

歷史與氣候

　　江差歷史最早可以追溯到12世紀，具記載是由本州的藤原一族在1189年登陸，可說是北海道文化發祥之地。在氣候方面，由於對馬海流的影響，江差的冬天比北海道其他地方溫暖，冬暖夏涼，非常宜居。

經濟

　　17世紀初，德川幕府為了掌控北海道的政治和經濟資源，設立松前藩管控，同時開設函館和江差兩海港作為運輸商港。

介紹當地景觀和物產的海報

　　當時江差捕鯡魚業興盛，且盛產檜木，商人為了將鯡魚粕(鯡魚榨油後的渣，可當肥料)、動物毛皮和木材送往本州，並將日用品、衣料與食品等送到北海道，因此名為「北前船」的貿易船，絡繹不絕地從本州的江戶、大阪來回江差，由於鷗島地理位置極佳，北前船在此日夜進出，使得島上整夜燈火通明，「出船三千、入船三千」記載了當時盛況。而在捕鯡魚最盛時的5月，人們則以「5月的江差，連江戶都比不上」(江差の5月は江戶にもない)，來形容當時的繁榮盛景。

位在舊檜山爾志郡役所的江差八景介紹岩

◆ 海鷗島祭典(かもめ島祭り) 〔夏天之始〕

　於7月第一週的週末舉辦，也宣告了江差夏天的到來。住民每年都會在這時期將瓶子岩上的繩子換成新繩，同時也有歌舞表演和北前船賽船助興，至今已舉辦60多屆了。

◎ 祭典日期：7月第一週的週末

◆ 姥神大神宮渡御祭 〔北海道遺產認定〕

　北海道最古老的祭典，據傳由1644年開始，至今已有370年歷史，由於剛好鯡魚季結束，為了慶祝豐收舉辦祭典。祭典和祇園祭有很深的淵源，每到祭典時期，各地出外打拼的遊子都會回家鄉參與盛會，讓本來只有7,000人的小鎮頓時會暴增超過3萬人。

　祭典是以「神功山」為首的13台華麗山車遊行，山車其實是神明降臨時的移動神座，構造和祇園祭的山鉾很像，但上面會裝飾大型的人偶。人偶是以武士(武田信玄、加藤清正、伊達正宗等)、神話人物(神武天皇、神功皇后等)、日本武尊武藏坊弁慶和北前船「松寶丸」為主，民眾會在山車旁唱歌跳舞慶祝。

◎ 祭典日期：8/9 宵宮祭｜8/10本祭・下町巡行｜8/11本祭・上町巡行

◆ 江差追分全國大會 〔漁夫傳唱的思鄉民謠〕

　江差追分民謠，據傳是在江戶中期，由信州的「馬子唄」轉變而來，本是船員對江傳唱的民謠，後來在捕鯡魚大財主、船老大和酒家藝妓之間傳開來而出名。

　現在每年都會舉辦一次「江差追分全國大會」，已經有近60屆的歷史了。

◎ 大會日期：9月第三個週五～日

1.不同山車有不同服飾／2.山車介紹／3.姥神大神宮渡御祭的海報／4.江差追分基本譜／5.螢幕播放著比賽實況／6.最有名的名謠歌手為圖正中間的浜田喜一(本頁圖片攝於江差追分會館)

北前船

北前船是江戶時代中期～明治30年為止，往返於北海道和大阪之間的貿易船，在日本海沿岸諸多港口停留，通過下關，航經瀨戶內海，所以「北前」其實就是「前往北方日本海」的意思，也有部分地區稱呼為「千石船」或「弁才(財)船」。

一般北前船約可搭載500～1,500石的重量(1,000石約是150噸)，有些大船主甚至擁有200艘以上2,000石的大船，像在道東国後、択捉等地經商的高田屋嘉兵衛就是例子。藉由經商，北前船主謀取了巨大利益，當時一次航行可獲得千兩的利益(現值約1億日幣)，儘管日本海凶險、捉摸不定，這「一行千兩」的行業還是蓬勃發展，北前船停泊的鷗島也川流不息，夜夜笙歌。

當時北前航線可說是日本商業和物資的大動脈，在本州裝滿食品、藥物、布料等日用品，沿路買賣商品前往北海道，在北海道載滿鯡魚粕、昆布、魚乾等海產品運回銷售，而鯡魚粕是種植棉花的良好肥料，當時支撐了京都地區紡織業的蓬勃發展，大量的昆布也改變了日本的飲食習慣。

北前船約在明治20年後開始衰退，由於通訊較為發達，商品價格變得透明，加上東京到青森的鐵路開通，商品只要越過津輕海峽即可，以及新式輪船運輸量大，安全性又高，導致這行業的落沒；而之後日俄戰爭的爆發，使得北海道周邊海域航行風險性高漲，最後迫使北前船走入歷史。

1. 北前船「松寶丸」模型／**2.** 北前船「喜寶丸」示意圖／**3.** 松前當時最有名的北前船「長者丸」船上物品

北海道旅遊路線

夏季花海路線

道南索蘭路線

新雪谷＋雷電國道之旅

十勝展望＋根釧野付國道之旅

日本海鷗羅陸之旅

繁次郎

　　經過國道227前往江差時，會經過道之駅「江差」，能看到停車場有一個特殊的水泥人像，這就是江差最有趣的流傳「繁次郎故事」的主人翁。

　　繁次郎是實際存在的人物。他是江戶時代人，身材矮小，但是頭、眼睛、鼻子異常的大，雖繼承了父親的酒館，但實在不擅經營，後來當鯡魚工廠的工頭，說話機智，在地方小有名氣，創造了許多江差特殊的方言文化，例如「笑え、わらえ へば ええごとある」(笑著笑著也是會累的啊)。由於他很機智，臨場經常講出很有趣的話，江差許多觀光區都用他的圖像代表江差。

道之駅「江差」的繁次郎像

看板上刻著繁次郎的名句

神話與繁華的傳奇半島
鷗島(かもめ島)散步道

✉ 檜山郡江差町鷗島
MAP P.231 | Mapcode：1108 104 644*26

　　來到江差，有兩個地方請務必走走，一個是いにしえ街道，另一個就是鷗島散步道了。

　　鷗島散步道全程約2.6公里，因地形很像海鷗飛行的樣子而命名，沿路可以看到瓶子岩、潟湖拱橋、栓北前船的木椿遺跡、

砲台遺跡、嚴島神社、弁慶足跡、井戶、復原的開陽丸等。建議下午接近傍晚前往，可以順便觀賞被列入「日本夕陽百選」的日落美景。

1.鷗島入口／2.瓶子岩／3、4.鷗島燈台和幸福鐘／
5.沿途可欣賞日本海美景

江差散步路線

| 古街道 | → | 橫山家 1hr | → | 姥神大神宮 0.5hr | → | ぱんや Becky 10min | → |

| 舊檜山爾志郡 役所嘆息之松 0.5hr | → | 江差山車 追分會館 1hr | → | 開陽丸 青少年中心 0.5hr |

昔日的繁華街道

古街道(いにしえ街道)

✉ 江差觀光課：檜山郡江差町字中歌町193-1
☎ 0139-52-6716
MAP P.231│Mapcode：482 390 701*62

　17世紀後由北前船帶動，江差一舉成為經濟重鎮。當時這條街道蓋了許多富商住宅，中歌與姥神町一帶的舊國道可說是江差當時最繁華的街道。

　但由於鯡魚不再來、大型蒸汽貨輪和鐵公路取代了北前船，江差頓時繁華褪盡。

為了振興觀光，當地推動了「活化歷史城市事業」，在1989年將街道整頓：電線地下化、下水道整治、人行道鋪設等，重現當時的建築風貌和街道樣貌。

1.乾淨整潔的街道／**2.**古街道入口／**3.**入口可愛的介紹人偶／**4.**街道上有許多古色古香的建築

見證鯡魚業興衰的建築
横山家

- 檜山郡江差町字姥神町45　☎ 0139-52-0018
- 4月下旬～11月下旬 09:00～17:00。不定休
- 大人¥300，中學生¥150，小學生¥100
- MAP P.231｜Mapcode：482 390 672*13

横山家主人以鯡魚業和貿易發跡，著名的北前船「明神丸」就是其財產之一。横山家本體是很大的木造建築，由主樓和4個倉庫組成。主樓有主人間、帳房和起居室等，展示生活用品，倉庫儲存了鯡魚捕撈工具，並在防震和防火上下了不少工夫。横山家另一個吸引人的是元祖鯡魚蕎麥麵，傳說江差是鯡魚蕎麥麵的發源地，以佃煮方式烹調整隻鯡魚，放在熱騰騰的蕎麥湯麵上，可謂極品！

1、2.横山家附設飲食部和好吃的鯡魚蕎麥麵／3、4.横山家外觀／5.北前船內的物品／6.横山家的器具

北海道旅遊路線

夏季花海路線

道南索蘭路線

新雪谷＋雷電國道之旅

十勝展望＋根釧野付國道之旅

日本國體薩隆之旅

北海道最古老的神社
姥神大神宮

http ppt.cc/fmJkgx ✉ 檜山郡江差町姥神町99
MAP P.231｜Mapcode：482 390 612*71

　　據說於1447年建立，是北海道最古老的神社，「姥神」傳說於有個老婆婆來到江差定居，因氣候酷寒，當年作物收成不佳，不少居民凍死餓死，讓婆婆也想走上絕路。

　　就在當天晚上，婆婆居住的草房突然射進一道光，出現了一位老翁，老翁給了婆婆一個瓶子，並跟姥婆婆說：「只要你將瓶子的水倒入海中，海裡就會有吃不完的食

物。」婆婆照著老翁的指示將瓶子的水倒入鷗島海中，海裡竟出現數不清的鯡魚，拯救了飢貧交加的居民。之後人們把這婆婆供奉為「姥神」，而丟入水中倒立的瓶子，就是傳說中鷗島的著名地標「瓶子岩」的由來。(姊姊迷之音：那後來鯡魚消失又是怎麼回事？)

1.姥神大神宮入口／2.可愛的地上標示／3.入口右手邊有山車模型館／4.姥神大神宮正殿

立志回鄉創業的法國麵包店
ぱんやBecky

http panyabecky.com ✉ 檜山郡江差町姥神町90 ☎
0139-56-1115 MAP P.231｜Mapcode：482 390 610*08

　　老闆在札幌修業多年後，終於完成宿願，回到江差老家開了麵包店，百分百採用北海道道產原料，長時間低溫發酵製成的土司和法國麵包，讓姊姊吃到欲罷不能，小小的店面，竟藏著無限的驚喜！

1.門口和外觀／2.廚房是開放式的，乾淨衛生／3.麵包供應數量不多，想要趁早

土方歲三的「三聲無奈」
嘆息之松(嘆きの松)

✉ 舊檜山爾志郡役所：江差町中歌町112 ☎ 0139-54-2188 🅼 P.231｜Mapcode：482 390 806*63

　　位在「舊檜山爾志郡役所」前，有一株斜向生長、造型奇特的松樹。據傳是當時土方歲三在山坡上，看到開陽丸在江差外海觸礁沉沒，一邊留下悔恨的眼淚，一邊嘆氣敲打樹木而造成奇特的形狀，我想穿鑿附會的成分應該居多，但也因如此，悲劇英雄又多了個傳奇故事。

1.嘆息之松／2.舊檜山爾志郡役所

記錄山車與追分歷史
江差山車追分會館

🔗 ppt.cc/f6jqdx　✉ 檜山郡江差町字中歌町193-3
☎ 0139-52-0920
🕐 每日09:00～17:00。休11～3月底每週一與假日隔天、12/31～1/5
💲 大人¥500，高中生以下¥250
🅼 P.231｜Mapcode：482 390 858*57

　　位在江差町，1982年建立，主要介紹祭典用的山車文化和傳統追分民謠。1樓是山車會館，常態性停放兩台在姥神大神宮渡御祭中會使用的山車，製作精美、富麗堂皇，還有渡御祭的影片介紹。2樓是追分會館，介紹追分歌謠的由來、演進和分支，以及歷屆江差全國大會得獎者。4月29日～10月31日每天在11:00、13:00、15:00各有一場追分歌謠表演(9月第三個週五～日除外)。

1、2.展示的山車／3.館內播放姥神大神宮渡御祭的影片／4.地圖標示日本各地的追分民謠所在地

幕府最強軍艦的長眠所

開陽丸青少年中心
（えさし海の駅 開陽丸）

http www.kaiyou-maru.com ✉ 檜山郡江差町字姥神町1-10 ☎ 0139-52-5522 ⏰ 每日09:00～17:00。休11～3月底每週一與假日隔天、12/31～1/5 💲 參觀開陽丸大人¥500，學生¥250
MAP P.231 | Mapcode：1108 104 558*16

　　培里黑船事件，促使幕府為了加強海軍實力，在1862年向荷蘭訂購了當時搭載最新設備的戰艦「開陽丸」。

　　開陽丸是三船軌的木造戰艦，長72.8米，主軌高達45米，排水量2,590噸，配備26門大砲，主砲射程達4公里，可乘坐350～500人，雖以風力航行為主，但也搭載輔助引擎，是當時日本最強軍艦，但不幸在江差外海觸礁沉沒。

　　開陽丸於1990年重建，復元的開陽丸裡陳列了在1975年打撈出來的部分物品，有炮身、食器、醫療用品和船員隨身物等，多達3,000多件。這裡也展示了舊幕府軍榎本武揚和土方歲三的事蹟，能實際體驗砲彈重量和大砲發射音，也可以體驗模擬駕船和試躺船員吊床，像誌麟姊姊一樣的歷史迷，千萬要來！

1.開陽丸青少年中心外觀／**2.**開陽丸復原船艦／**3.**介紹牌／**4.**沉船打撈的物品／**5.**打撈上來的船砲

藍綠大海──奧尻島

　　奧尻島，位在北海道西南角的日本海上，面積約143平方公里，是北海道5個住人離島中面積第二大的離島，在繩文時代就有人居住，現約2,600人。

　　奧尻海水透明度拔群，藍色海水點綴些許綠色，正是「奧尻藍」的代表色，可以在這裡從事釣魚、潛水、海洋獨木舟、捕撈鮑魚和海膽等水上活動，也可沿著濱海公路欣賞無緣島、海鞘岩(ホヤ岩)、森立岩(モッ立岩)和盔甲岩(カブト岩)等奇岩，是超棒的避暑勝地。

　　這裡擁有豐富海產品，養殖鮑魚非常有名，多到可以煮咖哩飯，還有滿海都是海膽，甚至連吉祥物都是海膽造型！島中央則是樹齡100年以上的森林，也種植了約25公頃的葡萄園提供釀酒，像誌麟姊姊這樣的酒鬼當然要去參觀奧尻葡萄酒工廠，只要電話預約，就可以參觀酒廠並試喝呦！

❀ 如何前往

　　可從江差或瀨棚搭Heart Land Ferry公司的交通船前往，江差到奧尻島要2小時20分，瀨棚到奧尻島要1小時35分，這兩條航線其實是由同一艘交通船運行，但由於江差比較熱鬧，所以利用這條路線的遊客較多。船本身很大很穩，還可載運汽車。從江差出發的船票可分為一等觀景座位(¥4,710)、二等指定席(¥3,000)和二等客艙(¥2,470)三種價位，小孩半價，船上有座位席及和室，要坐要躺悉聽尊便。

🔗 www.heartlandferry.jp ✉ 山郡江差町江差港北埠頭 📞 0139-52-1066 🗺 P.233 | Mapcode : 482 390 784*21

1.奧尻吉祥物「海膽丸」／2.很大很穩的渡輪／3.江差渡輪中心／4.二等指定席／5.二等和室自由席／6.奧尻渡輪中心旁的觀光案內所

奧尻觀光路線

奧尻渡輪中心 →	宮津弁天宮 0.5hr →	賽之河原公園 10min →	球島山展望台 10min →
北追岬公園 10min →	奧尻溫泉(神威脇溫泉保養所) 1hr →	奧尻葡萄酒廠 0.5hr →	奧尻島津波館 1hr →
鍋釣岩 10min →	海膽丸紀念碑 10min →	奧尻渡輪中心	

　　奧尻雖然有環島公路道道39號，但島的西北方由於是森林地形，部分是碎石路，不太好開，也容易封路，大部分交通以東部沿海路段當作主要路線。

祈禱漁業豐收的神社
宮津弁天宮

MAP P.233｜Mapcode：781 741 853*04

　　宮津弁天宮位在奧尻島東北方，據信在19世紀初就已建立，宮裡供奉著象徵口才、音樂和財富的弁財天女神。神社蓋在海邊30公尺高的岩石上，地形特殊，如果要參拜，必須從宮津漁港爬一段急下和急上的階梯才能到達，階梯坡度很陡，爬起來氣喘吁吁，但抵達後，制高點海天一色的美景令人心曠神怡，忘卻剛剛的辛苦。

1.地理位置特別的神社／**2.**弁天宮陡峭的石階／**3.**神社

道南五大靈地之一
賽之河原公園

MAP P.233 | Mapcode：781 892 883*50

賽之河原位在奧尻島北方稻穗地區，到此可以看到海邊有許多石塊堆疊的石堆，這是為了紀念在海上罹難的船員和年幼夭折的小孩而堆疊的。

賽之河原意指今世和黃泉之間三途川的河岸，傳說中夭折的小孩會堆疊石塊為仍在世的父母祈福，但陰間的鬼卻會一直推倒小孩辛苦堆疊起來的石堆，使他們無法實現願望，真是令人鼻酸的故事。

現在這裡設置了露營地、棒球場、觀景台、販賣部等，夏天遊客不少，天氣好時可以來走走，停車場旁的販賣部還兼「北之岬」小吃部，有各種定食，還可品嘗活鮑魚、海鞘、海螺等海產。

1、2.賽之河原的菩薩和石堆／**3.**活跳跳的扇貝

可輕易看見奧尻全貌的制高點
球島山展望台

MAP P.233 | Mapcode：781 736 407*77

球島山展望台位在球島山頂，標高369.3公尺，從停車場爬一段階梯就可抵達，可將奧尻島360度納入眼簾，天氣好時還能看見北海道，由於附近無光害，也是觀星的好場所，只是風很大，晚上來要記得多穿件衣服。

1.登山口的石碑與階梯／**2.**球島山山頂

島上住民最愛的溫泉

奧尻溫泉
(神威脇溫泉保養所)

🌐 ppt.cc/fqnDCx 　✉ 奧尻郡奧尻町字湯浜98番地
先 📞 0139-73-1130 🕐 每日09:00～21:00。11～3月
有休業日，詳見網站 💲 大人¥420，小學生¥160
🗺 P.233 | Mapcode：781 604 290*65

　　只要被稱為溫泉保養所，代表這裡的溫
泉被認證具有特殊療效，泉水從地下30公
尺抽出，泉質屬於鹽泉，對神經痛、皮膚
病、婦女病等具有療效，也具有美容效果，
2樓是展望風呂，可眺望日本海夕陽西下的
景色。

1. 神威脇溫泉保養所外觀／**2.** 泉質介紹

北海道極西地標

北追岬公園

🗺 P.233 | Mapcode：781 574 556*71

　　公園位在葡萄酒廠附近，公園內散落8
個流政之氏的雕術紀念品，但由於少有人
煙，感覺十分荒涼。雖然沒什麼可供欣賞，
但北追岬的重要意義在於它是北海道極西
之地，喜歡蒐集地標的人可別錯過！

北追岬公園地標

夜晚會發光的大海膽

海膽丸紀念碑
(うにまるモニュメント)

🗺 P.233 | Mapcode：781 587 591*45

　　以島上最著名的海產——海膽——為主
題的不銹鋼藝術品，高13公尺，共有120支
海膽刺，造型非常特殊，晚上會發光，非常
有趣。

不銹鋼製的海膽丸紀念碑

記錄大自然破壞力的紀念館
奧尻島津波館

http ppt.cc/ffwM6x ✉ 奧尻郡奧尻町青苗36
☎ 0139-73-1811 🕐 4/15～11/15每日09:00～17:00
💲 大人¥500，學生¥170
MAP P.233｜Mapcode：781 189 191*86

1993年7月12日晚上10點17分，在北海道西南方發生了規模7.8的大地震，而在3分鐘後，高達29公尺的海嘯襲擊了奧尻島北部稻穗地區和南端最熱鬧的青苗地區，最後甚至席卷整個奧尻島。由於青苗地區是公家機關、學校和商業集中區，因海嘯的破壞力和隨之引發的火災，使原本504戶的住家毀壞399戶，更有198位居民死亡或下落不明，島上各地滿目瘡痍。

當地政府立刻啟動救難措施、設立緊急住宅並重整家園；為了防範未然，也設立了許多防水門、避難高台和加高防波堤等設施，在短短5年內完成所有災後重建和預防設施，發表「完全復興宣言」，懷著感謝的心謝謝各方對復興的支援，並希望大家能

記取教訓，了解大自然的威力。

而原本熱鬧的區域，由於居民遷移到較高地區，便在該處設立了「奧尻島津波館」，記錄島上歷史和地震經歷。位於地下室的影片播放區則會放映地震發生、海嘯影響和災後重建的影片；外面的德洋紀念綠地公園設立「時空翔」慰靈紀念碑，碑上刻了當時198位罹難或失蹤者名字和天皇的紀念詞，缺口正對當時地震震央，而每到7月12日地震當天，夕陽會剛好從時空翔的缺口西下。

1.津波館外觀／2.時空翔／3.館內利用模型介紹地震當時情景和災後復甦／4.明仁天皇親自到現場表示哀悼的照片／5、6.地震後的照片

北海道旅遊路線

夏季花海路線

道南索蘭路線

新雪谷＋雷電國道之旅

十勝展望＋根釧野付國道之旅

日本海鸚鵡羅隆之旅

奧尻最著名的地標
鍋釣岩

MAP P.233｜Mapcode：781 587 616*57

　　一到奧尻碼頭，就可以看到「鍋釣岩」這個地標，岩石高19.5公尺，中央被自然侵蝕形成一個大洞，由於外觀很像鍋蓋的把手，故命名為「鍋釣岩」，可惜在地震時曾有一部分岩石崩落。夏夜時，投射在鍋釣岩的燈光，搭配海上捕魷船的燈火，構成奇幻的景色。

奇岩鍋釣岩，可以拍錯位照

真正奧尻在地美食
潮騷

✉ 奧尻郡奧尻町青苗274-21 ☎ 0139-73-2839
🕐 11:00～19:00。週六休
MAP P.233｜Mapcode：781 219 251*15

　　位在青苗地區，是奧尻數一數二的定食店，供應各類定食、拉麵和炒麵等，分量不小，天丼和海鮮炒麵很好吃。夏季限定的海膽丼套餐，還附有烤魚、生魚片、精緻小菜和湯，價格實惠。

1.餐廳外觀／**2.**海膽定食／**3～5.**各式美味餐點

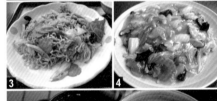

新雪谷＋雷電國道之旅

　　這是位在道南中區和北區，交通比較不便的區域，新雪谷冬天是超級滑雪勝地，頂級粉雪是歐美人士的最愛，走在路上都是金髮碧眼的西洋人，連商店街的標示都以英文為主，讓人有置身歐洲的錯覺；物價當然也跟歐美看齊，讓姊姊感覺阮囊羞澀。夏天的新雪谷也非常好玩，刺激的冒險活動耗盡你的腎上腺素，住宿等開銷比起冬天，價格是打折再打折，非常划算。

　　至於雷電國道，神惠內、積丹、余市、小樽串起的海岸線，奇岩怪石林立，沿海景色讓人忘卻煩惱，心曠神怡，再加上現採海膽和其他海鮮，一趟路線走下來，身心靈都得到滿足。

　　來吧！跟著誌麟姊姊的腳步，讓我們從札幌出發，把道南的中區和北區繞好繞滿吧！

北海道旅遊路線

夏季花海路線

道南索蘭路線

新雪谷＋雷電國道之旅

十勝展望＋根釧野付國道之旅

日本海鵜鑼隆之旅

Travel Plan

Day 1

札幌	
↓ 🚗 1hr	
道之駅望羊中山	0.5hr
↓ 🚗 1hr	
道之駅名水之鄉	1hr
↓ 🚗 1hr	
神仙沼	2hr
↓ 🚗 0.5hr	
新雪谷車站	0.5hr
↓ 🚗 5min	
道之駅ニセコビューブラザ	0.5hr
↓ 🚗 0.5hr	
宿：新雪谷	

Day 2

新雪谷	
↓ 🚗 0.5hr	
NAC戶外探險公園	4hr
↓ 🚗 0.5hr	
高橋牧場	2hr
↓ 🚗 1hr	
宿：新雪谷	

Day 3

新雪谷	
↓ 🚗 1hr	
道之駅オスコイ！かもえない	0.5hr
↓ 🚗 0.5hr	
新生	1hr
↓ 🚗 5min	
神威岬	2.5hr
↓ 🚗 0.5hr	
島武意海岸	1hr
↓ 🚗 0.5hr	
黃金岬	0.5hr
↓ 🚗 0.5hr	
余市蒸餾所	1hr
↓ 🚗 5min	
柿崎商店 海鮮工房	0.5hr
↓ 🚗 0.5hr	
宿：小樽	

新雪谷＋雷電國道之旅地圖

欣賞羊蹄富士的最佳道之駅
道之駅望羊中山

🌐 ppt.cc/fdu1nx ✉ 虻田郡喜茂別町字川上345番地
📞 0136-33-2671 🕐 賣場每日08:30～17:30。餐廳
10:30～15:30
🗺 P.135｜Mapcode：759 672 331*28

望羊中山位在230號國道沿線、前往新雪谷的必經之地中山峠，可遠眺羊蹄山的晴空白雪，360度絕景每年都吸引4百萬人造訪。美景以外，遊客們絕不能錯過的就是從1968年開始販售、使用羊蹄山麓出產的「男爵馬鈴薯」做成的炸馬鈴薯串，每串三顆，分量感十足，還可搭配番茄醬、沙拉醬、起司胡椒鹽等10種以上的調味料來轉換口味。

如果像誌麟姊姊一樣無肉不歡，還可以試試由10多種辛香料醃製兩天，沾上炸粉

靜置一天後再油炸的「中山雞」，一咬下肉汁滿溢，絕對讓你讚不絕口。

1.中山峠往羊蹄山的路上／**2.**道之駅2樓的樓梯放著炸馬鈴薯串的擺飾；2樓可以坐著賞景吃飯／**3.**中山峠名物炸馬鈴薯丸子，一串三顆

泉量豐富，人潮擁擠的休息站
道之駅名水之鄉

🌐 ppt.cc/fxlDfx ✉ 虻田郡京極町字川西45番地1
📞 0136-42-2292 🕐 賣場5～10月09:00～18:00，
11～4月09:00～17:00。餐廳5～10月10:00～
18:00(最後點餐16:50)，11～4月10:30～17:00(最後
點餐16:30)
🗺 P.135｜Mapcode：385 674 718

▲羊蹄名水公園
　　　　休息站外觀▶

位在獲選為日本名水百選的「羊蹄のふきだし湧水」名水公園入口，坐擁羊蹄融雪的伏流水，每天湧出高達8萬噸泉水，全年水溫只有6.5℃，沁涼可口，很多當地居民都一桶桶裝回家，就算忘了帶桶子也沒關

係，站內有販售空桶讓遊客裝水。

道之駅內的產品有礦泉水、果凍、咖啡和清酒等名水產品，附設餐廳內也提供美味的厚切烤羊肉套餐和山菜蕎麥湯麵，飢腸轆轆的遊客可在此滿足口腹之欲。

北海道旅遊路線

夏季花海路線

道南索蘭路線

新雪谷＋雷電國道之旅

十勝展望＋根釧野付國道之旅

日本海鱗羅隆之旅

神祕又美麗的高地濕原

神仙沼

✉ 岩內郡共和町前田

🗺 P.135｜Mapcode：398 551 672*54(停車場)

神仙沼位在新雪谷西北方道道66號公路上，屬於「新雪谷‧神仙沼自然休養林」的一部分，是由火山熔岩形成的高地濕原。區域內散布著數個小型池塘，夏天盛開著北萱草和白毛羊鬍子草，秋天則是著名的紅葉名所。

神仙沼是由日本童軍之父──下田豐松──登山時發現，因讚歎「處處皆是神仙居所」，而取名為神仙沼。園區內為了保護生態環境，鋪設了1.4公里的木棧道，公路旁也設置停車場、商店、展望台等設施。神仙沼旁還有個長沼，可以一起走走。

1. 神仙沼木棧道／**2.** 濕原松和蝦夷萱草族群／**3.** 路邊小野花／**4.** 菖蒲花／**5.** 神仙沼立牌木棧道端點的美景

小巧可愛的歐式風格車站
新雪谷車站

✉ 虻田郡新雪谷町字中央通 📞 0136-44-2104
🗺 P.135｜Mapcode：398 202 742*83

　　新雪谷車站是JR函館本線的其中一站，現在是委託由新雪谷度假村觀光協會代為經營，外觀是磚造、山間小屋風格的歐式建築，冬季因為滑雪客而十分熱鬧。

　　由於是委外經營，17:00過後就變成無人管理的車站，但還是可以坐車，在背景漆黑的夜間，燈光映照下的車站十分迷人，如果住在這裡，晚上沒事可以去走走，車站

對面有溫泉「綺羅乃湯」，天冷時也可以去泡泡湯。

1.新雪谷車站外觀／**2.**新雪谷車站大廳內部／**3.**車站對面的溫泉「綺羅乃湯」

TripAdvisor評比日本第二的道之駅
道之駅ニセコビュープラザ

🔗 ppt.cc/f004sx ✉ 虻田郡ニセコ町字元町77番地10 📞 0136-43-2051 🕐 每日09:00～18:00
🗺 P.135｜Mapcode：398 174 591

　　這家位在新雪谷門戶的道之駅，到底有什麼能耐，能被TripAdvisor選為日本第二的道之駅？

　　位在國道5號準備進入新雪谷的十字路口，本體外觀是黑色未拋光的粗木板，和新雪谷的自然景觀非常契合。有三棟建物，分別是資訊廣場棟(情報プラザ棟)、自由空間棟(フリースペース棟)與廁所棟(トイレ棟)。道之駅販售新雪谷當地小農種植的農產品，量少質精，還有現烤出爐，使用當地小麥製做的麵包，每天都吸引眾多遊客搶購，晚點來就沒了。

　　天氣好的話，道之駅外面廣場會坐滿了人，因為除了有現做美食外，這裡可是欣賞羊蹄山絕景的好地點。此外，有個一定要介紹的夏季限定商品，那就是高野咖啡廳的咖啡，用玻璃瓶包裝，使用新雪谷地產的咖啡豆和羊蹄湧泉水，完美演繹咖啡真正的味道。

1.休息站外觀／**2.**參觀選購商品的人潮／**3.**高野咖啡

沉穩低調的奢華公寓飯店

綾AYA NISEKO

www.ayaniseko.com ✉ 虻田郡倶知安町字山田195-1 ☎ 0136-23-1280

P.135 | Mapcode：398 384 563*36

1

要怎麼定義奢華公寓飯店？來住一次綾AYA NISEKO就可以體會。

位在比羅夫市街，飯店正對日本百大名山——羊蹄山，後門直通滑雪纜車，日式的優雅設計，每到滑雪季總是一房難求。

館內有掛流源泉，並設有SPA、健身房、瑜珈室、兒童遊戲室和餐廳等，皆只限住客使用。房型差異大，有2～6人房和閣樓大房可選擇，適合情侶或大家庭同時入住，三人房以上就附有客廳和全套廚房，包含廚具、洗烘衣機、洗碗機與咖啡機樣樣俱全。

當然，高貴也表現在房價上，尤其是滑雪熱季，價格根本訂在外太空。若想省錢，可選擇房價實惠的夏季入住，體驗一下奢華生活。

2 3 4

5

1.飯店外觀／**2.**位於1樓的天然溫泉／**3.**頂樓的戶外溫泉／**4.**邊間6人房主臥／**5.**邊間6人房客廳

考驗體能的森林攀爬活動

NAC戶外探險公園
(Adventure Park)

http nacadventurepark.jp/en/top ✉ 虻田郡俱知安町
字山田179-53 ☎ 0136-23-2093 ⏰ 夏季09:00～
17:00，冬季10:00～15:00 💲 大人¥4,500，小孩
¥3,800 **MAP** P.135 | Mapcode：398 384 845*50

　　由Niseko Adventure Center(NAC)建造的
戶外探險公園，占地廣闊，提供了8種不同
難度的樹上攀爬路線，並用顏色區分難度
等級(請留意部分區域有最低身高限制)。攀
爬活動精采刺激，教練會事前先進行安全
講解，家裡有猴小孩可以考慮來玩，應該可
以充分放電，體能不錯的父母也可嘗試。

　　這裡大部分都是歐美或日本教練，安全
規則的講解也是使用英、日文溝通。部分區
域離地高達13米且高度考驗平衡感，有懼
高症，或是平衡感比較不佳的朋友請謹慎
考慮。

1.報到處／**2.**起點要爬上三層樓的高台／**3.**低難度的地
區，鋼絲是為了扣上安全扣／**4.**斜板吊橋／**5.**難度很
高的S型＋橫桿吊橋。S形會因受力而變形成直線，橫
桿很像盪鞦韆，受力會前後移動，使間距擴大／**6.**中
難度的方框。只用繩索綁住，晃得很兇，考驗平衡力
／**7.**往上有個魔王級關卡(賣個關子，請親自體驗)

高橋牧場

🔗 www.niseko-takahashi.jp ✉ 虻田郡ニセコ町曽我888-1 ☎ 0136-44-3734 🕐 牛奶工房09:30～18:00。PRAVITO餐廳11:30～14:30、17:30～20:00。MANDRIANO餐廳11:00～17:30 💲 PRAVITO餐廳午餐約¥1,550，晚餐約¥3,500
🗺 P.135｜Mapcode：398 321 075*21

這家是新雪谷最有名的牧場，以羊蹄山為背景，牧場以「是自己的眼、自己的手、自己的心」為宗旨製作產品，官網標榜商品全部使用自家生產的牛奶，並把調味品和添加物降到最低限度，供給客人好吃又安全的食物。

牧場占地廣大，有牛奶工房販售霜淇淋、泡芙、蛋糕和優酪乳等商品，尤其是優酪乳，好喝並且沒有異味，是牧場最受歡迎的商品。牧場內還有兩家餐廳，

PRAVITO餐廳供應自助餐，中午是野菜吃到飽加一份主餐(肉類、海鮮與義大利麵任選)，晚餐是全自助餐模式，價格都非常合理，而不管是午餐或晚餐，優酪乳都可以免費暢飲。

另一家MANDRIANO餐廳使用牧場自製的起司，搭配當地新鮮野菜做成美味可口的披薩，還有起司沙拉、炸馬鈴薯條、炸雞等。餐廳還規畫了兒童遊樂區讓小孩玩樂，大人可以安心吃飯，不用再食不知味了。

1.頭號商品優酪乳／2.賣場外草皮是觀賞羊蹄山的好地方／3.店鋪入口／4.牛乳與草莓瑞士卷／5.戶外座位區

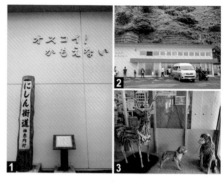

1.昔日日本海側被稱為鰊魚街／2.道之駅外觀／3.入口的漂流木作品

販售扇貝、鮑魚的道之駅
道之駅オスコイ!かもえない

http ppt.cc/fnowjx ✉ 北海道古宇郡神惠内村大字赤石村字大森292-1 ☎ 0135-76-5800 ◷ 4～11月每日09:00～17:00 MAP P.135 | Mapcode：775 271 502

　位在雷電國道、神惠内往積丹的路上，取名為「オスコイ」其實緣於以前這裡鰊魚捕撈業興盛，當時漁民們一邊用力划船槳出海，一邊喊著「オスコイ」，雖說現在鰊魚不來了，但在祭典的抬神轎儀式時，也還是會聽到在地人喊出「オスコイ」的高昂氣勢。

　道之駅水槽裡販售活跳跳的鮑魚和扇貝，還有像海膽、裙帶菜等水產加工品，12～3月沒有對外營業，不要撲空呦！

充滿人情味的海膽丼食宿餐廳
新生

http www.syakotan.com ✉ 積丹郡積丹町大字余別町30番地 ☎ 0135-46-5050 ◷ 平日10:00～19:00，週末與假日～19:30，夏季～20:00 MAP P.135 | Mapcode：775 870 086*03

1.餐廳外觀／2.與老闆(左二)和外國打工客合影／3.雙色丼，含海膽與鮭魚卵

　每年6～8月是積丹的海膽捕撈季節，這時總會有成群的遊客蜂擁而至，只為了品嘗季節限定的黃色美味。供應海膽丼的餐廳集中在積丹附近，其中以「漁師直營食堂 中村屋」、「食事処 みさき」、「食事処 鱗晃」這三家名氣最大，如果遇到假日，不排個1～2小時是吃不到的，如果要吃這三家，建議開門前就去排隊，當早午餐吃。

　「海鮮味処 御宿 新生」位在神威岬附近，名氣沒積丹大，但新鮮度與甜美度絕不打折，老闆自己是黑鮪一本釣漁夫，擁有捕撈黑鮪魚的漁船，店裡的海膽丼最暢銷，也可以搭配鮑魚、鮮蝦、干貝、鮪魚等其他海鮮做成海鮮丼，怕生食的人則可選擇烤魚定食。老闆喜歡跟世界各地的年輕人打交道，請了不少外國人在此打工換宿，固定會請懂華語的朋友在此工作，所以在此點餐，溝通不是問題，店內也提供住宿，可以享受一泊二食的便利性。

日本百大海岸之一
島武意海岸

http www.kanko-shakotan.jp/spot ✉ 積丹郡積丹町
入舸町 MAP P.135｜Mapcode：932 747 203*37

　被選為「日本の渚百選」的島武意海岸以懸崖峭壁的海景聞名，陡峭的山壁、海邊的奇岩，搭上冷冽海水特有的積丹藍，吸引眾多遊客前往，停車場經常客滿。

　前往島武意海岸要從國道229轉道道913，道道913較為狹窄蜿蜒，開車請多

小心，停車場看不到海岸，請跟著大家向上走，左邊是著名的海膽丼名店「鱗晃莊」，前方有一個僅一人高度的小隧道，隧道的另一頭就是島武意海岸了。

　通過隧道後，因為眼前突然出現大自然的壯闊景色，大家幾乎都會發出「哇」的一聲。觀賞完美景後，可沿著陡峭的階梯往下走到海岸，又是另一番風景，天氣好的話還可脫掉鞋子，感受一下北國海水的冰涼。

　其實這條路線是以前的「鰊道」，也就是從海岸將鯡魚背上來的路線，而隧道原本是為了縮短距離才挖的，現在搖身一變成了觀光景點，滄海桑田啊。

1.有名的鱗晃莊是海膽丼名店／2.島武意海岸隧道入口／3.隧道出口展望台望出去的景色／4.下切步道中途景色

難以親近的傳奇美景
神威岬
(カムイ岬)

🔗 積丹觀光協會www.kanko-shakotan.jp ✉ 積丹郡積丹町 MAP P.135 | Mapcode：932 583 007*15

　　位在積丹半島向西北方突出的岬角，神威其實是愛努語「神」（カムイ）的意思，以前這裡是危險航道，傳說中源義經為躲避其兄源賴朝的追殺，逃難到北海道，但日高愛努族長的女兒愛上了他，為了追隨義經來到神威岬，卻發現義經早已離開，憤而跳海自殺，變成海中矗立的神威岩，且因為忌妒，詛咒經過的船隻只要載有女性都會沉沒，故以前神威岬禁止女性進入，這就是「女人禁制之地」的由來(但在1855年松前藩將此禁令廢除了)。

　　從遊客休息區可以散步到展望台，但路

1.步道右方景色(圖片提供／Fiona Au)／**2.**女人禁制之門入口／**3.**神威岬步道／**4.**從步道末端的展望台望去，就是矗立海上的神威岩／**5.**積丹藍冰淇淋／**6.**停車場賣店

線位在稜線上，部分路段是由鐵橋搭建，危險性高，強風濃霧時都會禁止通行，天氣不好時，就會跟姊姊一樣只看到一堵白牆。展望台視野遼闊，前方就是聳立的神威岩，由於空間不大，請大家拍照時互相體諒。

5 遊客中心也附設餐廳和土產店，有許多特有的「積丹藍」商品，像餅

乾、糖果和彈珠汽水等，也可以試試最暢銷的「積丹藍」霜淇淋。

📷

積丹三大絕景之一
黃金岬

✉ 積丹郡積丹町美国町船澗
MAP P.135 | Mapcode：775 807 017*36

黃金岬和島武意、神威岬並稱為積丹三大景。這裡得名來自於夕陽西下，金黃色的陽光灑滿海面，因而叫做黃金岬。

從美国港口(不要懷疑，這裡的町名就叫美国)鋪設的步道前往黃金岬展望台，即可飽覽積丹海岸。而美国港也有水中展望船，可以透過船底玻璃觀察海底生態；4～10月可付費體驗青洞浮潛，感受陽光穿透洞穴、經海水折射後的奇幻色彩。

從黃金岬展望台欣賞海上美景

余市蒸餾所

http www.nikka.com/distilleries/yoichi/ ✉ 余市町黑川町7-6 ☎ 0135-23-3131 ◷ 年末年始之外,蒸餾所每日09:00～17:00,威士忌博物館09:00～16:45
MAP P.135｜Mapcode：164 665 164*83

余市,除了擁有綿延不絕的果園,更是釀造日本知名威士忌「余市蒸餾所」的故鄉。

余市蒸餾所的創辦人是竹鶴政孝,他早期在Suntory老闆鳥井信次郎創立的山崎蒸餾所工作,離開後在日本各地尋找適合釀造威士忌的完美地點,最後找到了余市。甘甜無雜質的余市岳雪水、遍地可當蒸餾燃料的泥煤層、適合儲存的低溫條件,都相當適合慢慢孕育出黃金液體的美味。

草創初期,由於威士忌必須在橡木桶中放置到陳年才能販售,資金無法短期回收,聰明的政孝利用當地盛產的蘋果榨汁販售,成立「大日本果汁株式會社」,補貼空窗期的資金缺口,也支持了余市第一款威士忌「日果」(Nikka)的誕生。

近年來大發異彩,受到世界威士忌藏家青睞的日本著名威士忌廠,如山崎、余市和宮城峽等,可說都是由具有釀造威士忌技術的竹鶴政孝參與創立,被稱為威士忌之父實在當之無愧。

就算不愛喝酒，余市蒸餾所也是散步的好地方，石塊砌成的歐式建築，搭上綠意盎然的草地十分優美。由儲藏室改建的威士忌博物館擺設了1936年酒廠最初使用的銅蒸餾器，展示儲藏酒桶，並有釀酒方法介紹，園區後方則是酒迷最愛的試飲區和商品販售區，不喝酒的人也能買蘋果汁和餅乾等，老少皆宜。若事先申請工廠見學，可以學習威士忌的製作工法，也能參觀政孝和妻子莉塔(Rita)的私宅。

7

1.銅蒸餾器／2.園區景色／3.酒廠的釀酒歷史介紹／4.試喝酒吧／5.商品販售所的蘋果汁與威士忌／6.免費試飲威士忌／7.政孝和妻子莉塔的私宅

北|海|道|小|典|故

竹鶴政孝

竹鶴政孝在世時並未受到世人太多的目光。因為在蘇格蘭得以進入龍摩恩(Longmorn)酒廠學習釀酒，所以他回日本後堅持使用和龍摩恩相同的「直火蒸餾」製造工法，並將威士忌裝桶長年熟成。由於余市威士忌產出耗時過長，風味也過於複雜(火藥味過重)，當時並未受到已習慣山崎威士忌風味的日本人喜愛。而與蘇格蘭妻子莉塔的異國婚姻也未受到保守家族的祝福，一生都和妻子過著兩人的獨居生活。

便宜到爆的美味海產

柿崎商店 海鮮工房

✉ 余市郡余市町黑川町7-25　☎ 0135-22-3354
MAP P.135｜Mapcode：164 665 077*36

柿崎商店位於國道5和國道229的交叉點，余市車站對面，以販售新鮮又便宜的海產著名。1樓是海鮮超市，可以整箱購買或零買，2樓是餐廳，供應多種海鮮定食。這裡的海鮮非常便宜，扇貝一箱20個才￥1,500，生蠔一箱20多個左右不到￥3,000，如果住宿點可以自炊，保證買到笑不攏嘴，但也要小心膽固醇喔。

1.柿崎商店外觀／2.整箱購買的扇貝約￥1,500

1

2

十勝展望＋根釧野付
國道之旅

　　這條路線是從札幌新千歲機場出發，往東經十勝平原，走根釧和野付國道，直搗北海道極東之地——知床半島。由於往道東的大眾運輸班次少，景點間又相距甚遠，自駕就成了最佳的旅遊方式。但可別大腳踩油門！放慢速度，你會發現行駛在筆直的道路上，眼前是一望無際的藍天綠地，鼻子裡傳來陣陣的青草味(嗯……其實還有夾雜牛糞味)，還真讓人身心舒暢。

　　道東通常不是旅人第一次前往北海道的目的地，卻一直是姊姊的最愛。不管是遼闊草原、悠閒吃草的乳牛，或是波瀾壯闊、崎嶇不平的海岸線，還是轉彎處不經意碰到的狐狸、蝦夷鹿或棕熊等野生動物……這些天然的絕景總吸引著我一再造訪。

　　讓我們別進大都市人擠人，直接投入大自然的懷抱，見識北海道的野性魅力吧！

Travel Plan

Day 1

札幌
↓ 🚗 1hr
道之駅ウトナイ湖　*1hr*
↓ 🚗 2.5hr
十勝牧場　*1hr*
↓ 🚗 0.5hr
滿壽屋麥音　*0.5hr*
↓ 🚗 5min
綠之丘公園　*1hr*
↓ 🚗 1hr
宿：帶廣

Day 2

帶廣
↓ 🚗 0.5hr
道之駅ピア21しほろ　*0.5hr*
↓ 🚗 10min
道之駅うりまく　*0.5hr*
↓ 🚗 1hr
福原山莊　*0.5hr*
↓ 🚗 20min
然別湖　*1.5hr*
↓ 🚗 1hr
十勝之丘公園　*1hr*
↓ 🚗 2hr
宿：釧路

Day 3

釧路
↓ 🚗 40min
細岡展望台　*1hr*
↓ 🚗 0.5hr
塘路湖泛舟　*3hr*
↓ 🚗 20min
Kottaro濕原展望台　*10min*
↓ 🚗 40min
溫根內木道　*1hr*
↓ 🚗 5min
釧路濕原展望台　*1hr*
↓ 🚗 0.5hr
宿：釧路

Day 4

和商市場　*1hr*
↓ 🚗 1hr
道之駅厚岸グルメパーク　*2hr*
↓ 🚗 2hr
道之駅スワン44ねむろ根室　*2hr*
↓ 🚗 10min
溫根沼　*0.5hr*
↓ 🚗 10min
宿：根室

Day 5

根室
↓ 🚗 0.5hr
納沙布岬　*1hr*
↓ 🚗 0.5hr
根室花まる　*1hr*
↓ 🚗 15min
尾岱沼　*1hr*
↓ 🚗 10min
野付半島　*1.5hr*
↓ 🚗 1hr
標津鮭魚科學館　*1hr*
↓ 🚗 10min
音樂道路　*0.5hr*
↓ 🚗
宿：中標津

Day 6

中標津
↓ 🚗 1hr
純の番屋　*0.5hr*
↓ 🚗 10min
羅臼遊客中心　*1hr*
↓ 🚗 5min
熊之湯　*1hr*
↓ 🚗 0.5hr
知床峠　*0.5hr*
↓ 🚗 0.5hr
宿：宇登呂

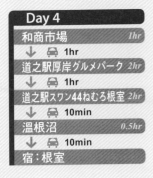

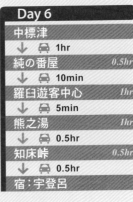

交流道：旭川鷹栖
●旭川
旭川杜公園
暑寒別岳 ▲
黑岳 ▲
旭岳 ▲
39
交流道：滝川
美瑛
12
452
十勝岳 ▲
273
交流道：美唄
富良野
然別湖
福原山莊 ●
士幌町農村運動公園
275
道央道
交流道：札幌
夕張岳 ▲
237
道之駅うりまく
道之駅ピア21しほろ
札幌
交流道：北廣島
38
十勝牧場
●道之駅しほろ溫泉
交流道：惠庭
交流道：夕張
274
道央道
交流道：十勝清水
交流道：トマム
交流道：音更帶廣
十勝之丘公園
柳月
六花亭本店
綠之丘公園
カニの宝
國營滝野鈴蘭丘陵公園
↓往道之駅ウトナイ湖
滿壽屋麥音
十勝之丘公園

北國糧倉──十勝

　　十勝平原西有十勝山脈，北有大雪山山脈，南邊是太平洋，1萬多平方公里的土地上，以農畜牧為主，糧食自給率超過1,000%。當地的十勝川溫泉為日本少數的「植物性褐碳溫泉」（モール溫泉），是由遠古的蘆葦與針葉林等植物形成的含水泥炭層，經地熱加溫形成溫泉。水質富含有機物和腐植質，對皮膚刺激性低，加上有保濕效果，故又稱美人湯，溫泉資源更被選入北海道遺產。

➡ 行駛道央道，在千歲惠庭JCT轉道東道，於音更帶廣IC下交流道

▲許多人駐足ウトナイ湖旁拍照

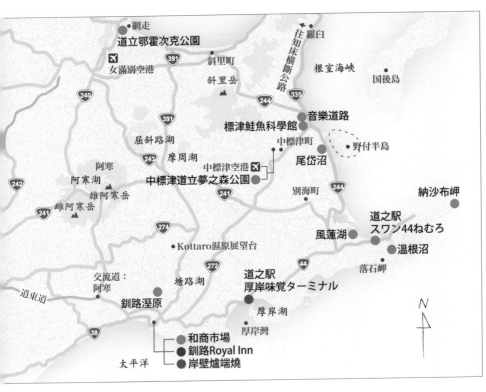

過境野鳥的樂園
道之駅ウトナイ湖

🌐 www.michinoeki-utonaiko.com ✉ 苫小牧市字植苗156番地30 📞 0144-58-4137 🕘 09:00起，3～10月至18:00(5月初與8月中旬至19:00)，11～2月至17:00。休12/31～1/2
🗺 P.150 ｜ Mapcode：113 413 624*22

位在千歲往苫小牧，36號國道上，依著宇多內湖(ウトナイ湖)設立的道之駅，宇多內湖被登錄為《拉姆薩公約》中的濕地之一，也是鳥獸保護地域，每年都吸引非常多過境鳥類在此休憩，可說是鳥類的樂園。

誌麟姊姊建議天沒亮就來，等待觀賞日出，此時是白天鵝和綠頭鴨等鳥類最活躍的時候。清晨湖面水氣環繞的雲霧，搭上白鳥剪影，宛如國畫般的仙境。這裡的白鳥完全不怕人，可以近距離觀察，但也希望大家溫柔點，不要驚嚇到牠們，當然也不能觸摸呦！

旁邊有鳥類自然中心，可以順道去逛逛。道之駅也販售當地農產品，還有苫小牧名產「北寄貝」製成的押壽司和北寄玉，請務必試試。

湖畔不怕人的天鵝

著名動漫《銀之匙》的場景
十勝牧場

http www.nlbc.go.jp/tokachi
✉ 河東郡音更町駒場並木8-1 ☎ 0155-44-2131
MAP P.150 | Mapcode：牧場424 184 349*38，白樺
並木道424 156 095*38，展望台424 211 718*17，
cream terrace咖啡廳424 853 194*60

看過《銀之匙》的人來到這裡，一定會聯想到動漫內的學校場景就是以十勝牧場為範本！這座牧場位在音更町，面積4,200公頃，原本經營主業是肉用牛、乳用牛、馬和羊4種家畜的品種改良，以及飼料的生產與改進，並提供給當地酪農業者，可說是十勝酪農業的中流砥柱。

園區內可逛的景點有直線距離1.3公里的白樺並木道、樹齡500年的大柏樹、十勝牧場展望台，以及夫婦柏等。牧場附設cream terrace咖啡廳，提供簡餐、鬆餅、新鮮牛奶和乳製品等，到此欣賞牛群低頭吃草的風景也不錯。

誌麟姊姊 說

園區內都是碎石子路，路也不寬，開車請放慢速度。為了預防傳染疾病，很多地方都禁止進入，請勿亂闖。

▲牧場飼養的馬

◀白樺並木道

▼冬天的十勝白樺並木道
（圖片提供／謝志偉）

美食與美景的完美結合

滿壽屋麥音
(ますやパン麦音)

http www.masuyapan.com ✉ 帶廣市稻田町南8線西16-43 ☎ 0155-67-4659 ⏰ 06:55～20:00(11～2月至19:00)。年始年末休

MAP P.150 | Mapcode : 124 503 493*07

麥音是滿壽屋的旗艦店，滿壽屋創立於1950年，堅持完全使用十勝的小麥、紅豆等食材，製作出讓大家吃得開心的麵包。

店名「麥音」就是統括小麥播種、發芽、麥穗隨風搖曳、收穫、石臼磨麥、麵包製作、窯烤的種種聲音。位在帶廣市南方，綠之丘公園附近，停車方便，擁有廣闊的庭院和小麥田，可直接在庭院食用店內購買

的麵包和牛奶。廚房採開放式設計，一進店裡就可以看到師傅製作麵包的身影，空氣飄來麵包燒烤的陣陣香氣，令人食指大動；店內販賣的麵包，令人眼花撩亂，舉棋不定，只能恨自己胃容量不足，只好內用加外帶，貪心一下。

特別提醒，麻花卷甜甜圈、丹麥蘋果派和紅豆麵包等都非常推薦，但別太快被麵包沖昏頭，店內販售一瓶「風景的牛奶」，誌麟姊姊「閱牛無數」，這瓶鮮奶應該可以排上前三名，走過路過千萬不要錯過！吃飽了，旁邊就是甜菜製糖所，附近也有著名的真鍋庭園，可以順道走走。

1.門口麵包擺飾／2.店內販售的鮮奶／3.店家外觀／4.戶外區／5.開放式麵包製作區／6.各式麵包

占地廣闊的市民公園
綠之丘公園(綠ヶ丘公園)

http ppt.cc/fUIGZx　✉ 帶廣市字綠ヶ丘2
☎ 0155-21-3172
MAP P.150｜Mapcode：124 562 356*36

　北海道公園何其多，這公園原本不在誌麟姊姊的目標內，但開車經過時卻被一大片的綠地和道路兩旁迷人的楓紅深深吸引，手腳不聽話地就轉進停車場了。

　雖說是公園，其實園區內涵蓋了花草中心、兒童遊園區、青少年科學館、動物園與美術館等多種設施，占地廣闊，光是大草皮周長應該超過1公里，遊園區的遊具看起來也都好好玩。春天賞櫻、秋天看楓紅都很適合。

1.公園旁馬路楓紅／**2.**兒童遊具區／**3.**大草皮／**4.**公園區內的動物園

國道241上的必停休息站
道之駅ピア21しほろ

http ppt.cc/fG8zkx　✉ 士幌町字士幌西2線134番地1
☎ 0156-45-3940　◷ 道之駅與CAFE寬一4～11月
09：00～18：00，12～3月至17：00，食堂11：00～15：00
MAP P.150｜Mapcode：424 524 005*00

　就在國道241路上，造型新穎的道之駅，展示了士幌豐富的農產品，還有大福與一種口味獨特的Seaberry Soda等商品。

　店內的「にじいろ食堂」標榜一次採購整頭牛，可以品嘗不同部位的美味；「CAFE寬一」以創造著名的よつ葉乳品的會長太田寬一先生命名，提供道地士幌食材製作的牛肉漢堡和馬鈴薯，手沖咖啡也很香醇，絕對值得停留品嘗。

1.各式大福／**2.**Seaberry Soda／**3.**販賣區

驚喜連連的道之駅
道之駅しほろ溫泉

http www.shihoro-spa.co.jp ✉ 河東郡士幌町字下居辺西2線134番地 ☎ 156-45-3630 ⏰ 道之駅10:00～21:00；泡湯11:00～23:00(22:00後不賣票) 💲 每人¥6,500～12,000(依房型餐食不同，含稅) MAP P.150｜Mapcode: 424 509 318*30

選擇士幌(しほろ)道之駅是當作前往國道241糠平橋和三国峠的中繼站，若不在此處停留，要到最近的便利商店恐怕還有10餘公里，加上道之駅還附設溫泉設施和價格不高的住宿，便決定住了下來，沒想到挖到了寶，開心！

房間是日式榻榻米，但乾淨無異味，窗戶望出去是後山的迷你高爾夫球場，遠處就是十勝連峰，窗景有如山水畫；晚餐在餐廳享用，只接待住客，純泡湯的過客只能選擇溫泉設施旁的簡易餐食。雖然姊姊只

選最便宜的方案，但晚餐質量兼備，像懷石料理般逐一上菜，皆是剛煮好的美味，超值到破表；早餐採自助式，種類不多但品質佳，也算上選。

溫泉設施大而乾淨，有內湯、外湯、烤箱等，雖和過客共用，但22:00後就不收外客，若有機會獨享，當個大爺也不錯。

1～5.美味晚餐
6.住宿大樓
7.大廳
8.迷你高爾夫球區
9.色彩豐富的早餐

以馬為主題的休息站
道之駅うりまく

🌐 ppt.cc/fd953x ✉ 河東郡鹿追町瓜幕西3丁目1番
地外 ☎ 0156-67-2626
🕐 每日09:00～17:00。12/30～1/6休
🗺 P.150│Mapcode：702 018 044

往然別湖之前，可到瓜幕(うりまく)這個有趣的道之駅看看。這裡養了很多馬，遊客付費就能在路上騎馬，是非常獨特的體驗；道之駅裡有一隻電動藍色假馬，很像小時候在遊樂場那種玻璃纖維的大型假馬，也能投幣上去體驗兒時記趣。外面有片大草皮，旁邊有幾個圓形的塑膠大型球狀物，彩繪得很可愛，大家猜一下這是什麼？

哈哈！這其實冬季給牛馬吃的乾草捆。在這裡，可以試試滾乾草捆，每年7月15日還會舉辦比賽，但其實乾草捆很重，滾起來汗流浹背，超耗體力。

1.外觀／2.介紹滾乾草捆比賽的看板／3.可愛造型乾草捆／4.養馬區

期間限定的楓紅美景
福原山莊

🌐 ppt.cc/fcn2lx ✉ 河東群鹿追町北瓜幕 🕐 9月中旬～10月下旬09:00～16:00
🗺 P.150│Mapcode：702 259 445*16

福原山莊其實是「福原超級市場」創辦人福原治平私人擁有，位在道道1088線上，只在楓紅期間開放參觀。占地8萬5千平方公尺的山莊內有千棵純楓葉林，楓紅時期樹上楓葉與地上落葉相互輝映，把整個園區染成一片紅，配上雕刻之池的紅葉倒影，陽光灑落，讓人快門直按。

1.福原山莊的楓紅／2.雕刻之池

北海道最高湖泊
然別湖

http www.shikaoi.net/detail/36 ✉ 河東郡鹿追町然別湖畔 ☎ 0156-69-8181
MAP P.150 | Mapcode：702 388 420*11

然別湖唯一的飯店「然別湖畔溫泉旅館風水」

標高810公尺，由3萬年前火山活動形成的堰塞湖，周長約13公里，最大水深99公尺，透明度高達19公尺，是大雪山國立公園內唯一的自然湖，也是北海道海拔最高的湖泊。

由於地處偏遠，這裡保留了非常多的自然景觀，也是魚鷹、白尾海鵰與大黑啄木鳥等各種野生動植物生息的地方，而湖裡生活著陸封型的特有魚種「花羔紅點鮭」，釣客可以在解禁期間提出申請，享受垂釣夢幻魚的樂趣。另外這裡也棲息著被稱為活化石、耳朵圓而短的鼠兔，秋天忙碌收集食物準備過冬的身影真是可愛極了！

夏天的然別湖是划獨木舟、露營和觀星的絕佳地點，到了冬天則搖身一變，湖上會出現冬季限定的冰上村，有可親自製作冰酒杯的冰雪酒吧，也有雪上摩托車，還有獨一無二、用冰塊蓋出來的溫泉池，不怕冷的遊客還可預約住宿冰屋呦！

誌麟姊姊說

夏天造訪然別湖，以自駕最方便，但是冬天自駕危險性高，推薦從JR帶廣車站搭乘「北海道拓殖巴士」，在「然別湖畔溫泉站」下車比較安全。
http 北海道拓殖巴士：www.takubus.com

湖畔風景

町民熱情參與的在地活動
士幌收穫祭
(しほろ収穫祭)

http www.shihoro-kankou.jp，點入「Event」
✉ 士幌町農村運動公園 ⏰ 10月下旬的週日
MAP P.150｜Mapcode：424 583 861*71

10月是士幌地區馬鈴薯收成的季節，路上總看到大貨車滿載著馬鈴薯在公路上奔馳。為了慶祝豐收，當地會舉辦收穫祭，吸引町民熱情參與，現場有士幌牛排、豬肉湯與牛奶等食品提供享用，還販售超便宜的新鮮農產品，有機會請一定要去參加。

1.會場上豪邁的烤肉／**2.**人潮洶湧的會場／**3.**現煮超大鍋豬肉湯(豚汁)／**4.**現煎士幌牛排／**5.**士幌當地自製的超美味洋芋片

十勝平原盡收眼底
十勝之丘公園
(十勝が丘公園)

http www.tokachigawa.net ✉ 河東郡音更町十勝川温泉北14丁目4番地
MAP P.150｜Mapcode：公園369 666 407*84，展望台369 667 575*61

十勝川夕陽

　公園位在音更町內，有寬廣的綠地和木製遊樂設施，還設置免費的足湯。很多旅遊團會到此欣賞直徑18公尺的花鐘，然後在傍晚時到展望台觀賞夕陽。

　展望台位在十勝之丘公園的路再往山上約1公里處(有停車場)，可遠眺十勝平原；夕陽西下時，金黃色的光芒灑在十勝川與十勝大橋上，令人陶醉。如果是勤勞的早起鳥兒，在春秋溫差大時，清晨到這裡會有機會看到十勝大橋壟罩在雲海中，有如仙境。

根室直送的螃蟹專賣店
カニの宝

`http` kaninotakara.ocnk.net　✉ 幕別町相川463-6
☎ 0155-54-5151　🕙 10:00～17:00。年中無休
`MAP` P.150｜Mapcode：369 610 195*13

店家外觀

　十勝的草原上飼養了大量牛、羊、豬等家畜，各種肉類製品皆美味，農產品也供應無虞。來到這裡，若想一嘗新鮮螃蟹怎麼辦？沒問題！カニの宝是供應從根室漁港直送的螃蟹專門店，標榜只賣活蟹，沒有冷凍貨，現煮現吃，最是美味，若需要外帶帝王蟹、花咲蟹和毛蟹等，也可請店家配送。

▲生猛帝王蟹

活跳跳的花咲蟹▶

懷念不已的西式早餐
釧路Royal Inn
(釧路ロイヤルイン)

`http` www.royalinn.jp　✉ 釧路市黑金町14-9-2
☎ 0154-31-2121
`MAP` P.151｜Mapcode：149 256 454*20

　釧路住宿集中在車站附近，特別要介紹這家位在車站出口右邊的旅館，當時在網路上找很久，每篇都對它的早餐讚不絕口，所以決定訂房，果然沒讓姊姊失望。

　房間只是普通的商務旅館規格，但地點優越，旁邊就有停車場，和商市場也在對面。這裡的早餐與許多人大推主打豪華海鮮丼的Vessel Inn等旅館不一樣，是以琳瑯滿目的麵包搭配日式早餐為主，每種麵包都好吃得不得了，讓姊姊硬要塞到喉頭才

肯罷休，但令人困擾的是，和商市場就在旁邊，怎麼還有空間容納勝手丼呢？

1.飯店外觀／**2、3.**選擇多樣的早餐

勝手丼發源地
和商市場

http www.washoiichiba.com ✉ 釧路市黑金町13丁目
25 ☎ 0154-22-3226 🕐 週一～六08:00起，1～3月至
17:00，4～12月底至18:00。週日4月底～10月底至
16:00，12月至18:00，依店家而異
MAP P.151｜Mapcode：149 256 331*44

1.各式生魚片／**2.**市場外觀／**3.**不同分量的白飯／
4.完成的勝手丼

　　和商市場設立於1945年，位置就在釧路
車站斜對面，把原本在幣舞橋附近的攤販
集合起來，蓋了一個可遮風避雨的市場，也
成為了釧路的市民廚房。

　　和商是以剛成立時秉持著「和睦經商」
的座右銘，加上搬貨時工人「わっしょい、
わっしょい」(washoi、washoi)的吆喝聲
來命名，現在市場內約有50攤商家，以餐
廳、蔬菜鮮果、肉類、乾貨和海鮮類為主，
而吸引觀光客來訪的，就是遠近馳名的勝
手丼了。

　　如何製作專屬的勝手丼？首先請找到販

售白飯的商家(別擔心看不懂，都有中文)，
白飯有分大小，拿著那碗飯，到旁邊幾家
專賣勝手丼食材的店家挑選喜歡的食材，
店家會幫你放進碗裡，最後淋上醬油就完
成了！

　　姊姊建議淺嘗即可，不用太貪心，因為
和商市場已慢慢轉型成觀光市場，這樣組
合起來的勝手丼其實跟在札幌點一碗海鮮
丼差不多，價格並不怎麼親民。若是一群人
來，合點隻大螃蟹倒是不錯，不吃生食的
人，也有熟食餐廳可以選擇，不會餓肚子。

體驗釧路美食的露天餐廳

岸壁爐端燒
(岸壁炉ばた)

http www.moo946.com/robata ✉ 釧路市錦町2-4
📞 0154-23-0600 ⏰ 7～9月17:00～22:00，其餘至
21:00。有些日期中午開始，請見網站
MAP P.151 | Mapcode：149 226 433*62

在北海道，爐端燒幾乎已經跟釧路劃上等號，這種將當天捕撈的新鮮魚介類、海風和太陽齊心製作的一夜干、還有地產當旬農產品，全部放在炭火上燒烤，僅使用最低限度調味，讓客人吃到食物真味的豪邁料理，真是好吃到心坎裡。

在釧路超過30家爐端燒餐廳中，最著名的就屬「炉ばた」，創業超過60年，號稱是爐端燒的發祥店。掌廚數十年的老奶奶烤功一流，吸引世界各地的觀光客前來一嘗美味，但結帳時帳單也會讓人心頭一揪。

另一家「炉ばた煉瓦」採半自助，使用電子系統點菜，價格相對較低，也經常門庭若市，沒有預約很容易被拒於門外。

誌麟姊姊選擇的是位在MOO商場，就在港口旁的這家「岸壁炉ばた」，僅用簡單的棚架和擋風的透明塑膠布搭建而成，只在5～10月營業，點餐方式也很特別。首先找到座位，然後用現金購買面額不同的票券，再用票券兌換想吃的食物，大部分都是自己烤，若是較需要烤功的食材，店員也會熱心幫忙，非常有野趣的爐端燒餐廳，也能輕易感受海港人的豪爽。

炉ばた
http www.robata.cc ✉ 釧路市栄町3-1
📞 0154-22-6636 ⏰ 17:00～24:00，冬季至
  23:00。週日休，詳見網站
Mapcode：149 226 689*74

炉ばた煉瓦
http www.renga.jp ✉ 釧路市錦町3丁目5番3号
📞 0154-32-3233 ⏰ 每日17:00～23:00
Mapcode：149 226 521*45

1.爐端燒外觀
2.內部照片
3.爐端燒最佳搭配飲品「生啤酒」
4.各式食材

日本第一個《拉姆薩公約》濕地

釧路濕原

http tw.kushiro-lakeakan.com/overview/3749
釧路濕原展望台 ✉ 釧路市北斗6-11 ☎ 0154-56-2424 ◷ 5月～10月08:30~18:00，11月～4月09:00~17:00 MAP P.151｜Mapcode：149 548 538*72

釧路濕原是日本第一個登錄拉姆薩公約的濕地，位在釧路市北方，面積超過28,000公頃，棲息了約上千種動物和約700種植物，尤其有數千隻的丹頂鶴會飛來此地過冬，優雅的姿態和飛行姿勢(雖然叫聲很恐怖)，吸引了世界各地的攝影愛好者前來拍攝。

釧路濕原以前被海水覆蓋，陸地升起後因演替慢慢被蘆葦和菅草等水生植物覆蓋，千年來植物生長的泥炭層，形成了釧路濕原，而較深的區域就成了釧路川，以及塘路湖與達古武湖等湖泊。

最適合造訪釧路濕原的季節是夏季，你可以自駕前往釧路濕原展望台，或細岡展望台觀賞濕原，也有濕原展望台遊步道，

1.秋天的釧路濕原／**2.**釧路濕原火車(圖片提供／趙璗)

以及溫根內木道可以近距離欣賞；或乘坐「釧路濕原Norokko號」(ノロッコ号)火車暢遊濕原。誌麟姊姊推薦到這裡划獨木舟，不只能更深入認識濕原，也更有機會目擊水獺、蝦夷鹿與白尾海鵰等野生動物。

溫根內遊客中心
✉ 阿寒郡鶴居村溫根內 ☎ 0154-65-2323
◷ 10:00～17:00
Mapcode：149 699 106*70

細岡展望台
Mapcode：149 654 402*87

釧路濕原Norokko號
http www.jrhokkaido.co.jp/travel/kushironorokko
❓ 路徑：釧路→東釧路→釧路濕原→細岡→塘路(每天來回班次都各只2班，請多留意發車時間)

近距離認識釧路濕原的方法
釧路濕原泛舟

1.乘船所
2.來訪名人的簽名划槳與簽名板
3.划船途中可以碰到夏季濕原號火車
4～6.沿途景色

http ppt.cc/fXYe1x，可依自己的喜好選擇泛舟業者，建議出發前事先預約(尤其人多的時候更是需要)，並提供住宿地點，以利接送

泛舟一年四季皆可體驗，但夏季還是最適合的季節，行程多元，從2小時到一整天都有。經營泛舟的商家很多，大部分可從釧路市接送，誌麟姊姊推薦初學者選擇「塘路湖→細岡」2小時體驗行程，可深入釧路川，目擊野生動物的機會也會大增，姊姊沿途就看到蝦夷鹿、水獺和白尾海鵰等，運氣好的話還能跟釧路濕原NOROKKO號交會呦！

1～3.各式牡蠣美食／4. Jalan連續5年道之駅飲食部第一名看板(至2019年已9連霸)

嘗盡牡蠣真味的好去處
道之駅厚岸味覚ターミナル

www.conchiglie.net ✉ 厚岸郡厚岸町住の江2丁目2番地 ☎ 0153-52-4139 ⏰ 4～10月09:00～21:00、11～12月10:00～19:00、1～3月10:00～18:00。週一休 MAP P.151｜Mapcode：637 191 563*53

厚岸是個幾乎和牡蠣畫上等號的地方。但你可能不知道，這裡曾面臨牡蠣絕種危機，人們引進宮島與廣島等地品種，但都不敵寒冷水溫而失敗，後來是由當地漁協的青年，利用原本就生活在厚岸湖的成年母貝進行人工繁殖，花了5年時間終於復育成功，創造了「牡蠣衛門」(牡蠣A夢，カキえもん)的牡蠣品牌。

厚岸為何得天獨厚，是養殖牡蠣的好地方呢？因為厚岸湖其實是淡海水相混的「汽水湖」，再加上像別寒辺牛川等上游河川流經濕原，帶來豐富的腐植質，使得厚岸湖浮游生物非常豐富，牡蠣是以濾食這些浮游生物為主食，所以當然特別肥美，再加上官方限制和補助雙管齊下，鼓勵當地民

眾使用較不汙染環境的清潔劑，降低汙染物，讓牡蠣在健康營養的環境下成長。

這裡全年都能吃到牡蠣，當然冬天還是最肥美的季節，幾乎每家餐廳都有供應，連拉麵店都有超大牡犡的牡犡拉麵。想吃得經濟實惠，可以向「厚岸漁協直售所」購買整箱新鮮牡蠣回民宿煮，若想一次吃到多種牡蠣料理，誌麟姊姊大力推薦「道之駅厚岸味覚ターミナル」。

這家店在日本著名訂房網Jalan，連續多年被票選為飲食部門第一位的休息站，2樓有兩家餐廳，一家是燒烤餐廳「炭焼き炙屋あぶりや」，可以自己選擇想吃的海鮮、肉類和蔬菜享受BBQ樂趣。如果懶得動手，也可選擇會將牡蠣做成各式料理的「エスカル餐廳」(在道之駅2樓)，不管是生蠔、炸牡蠣、丼飯、焗烤或義大利麵都有，人多的話可以點牡蠣全餐，所有口味一次滿足。

厚岸漁協直售店

www.a-uroko.or.jp ✉ 厚岸郡厚岸町港町5丁目3番地 ☎ 0153-52-0117 ⏰ 09:00～16:00。年始休｜Mapcode：637 162 597*06

觀察風蓮湖生態的絕佳地點
道之駅スワン44ねむろ

http www.swan44nemuro.com ✉ 根室市酪陽1番地
☎ 0153-25-3055 ⏰ 販賣部09:00起，7～9月至18:00，11～3月至16:00，其餘至17:00。餐廳11:00起，4～10月至15:30，11～3月至14:30。年始年末休，11～4月週一休
MAP P.151｜Mapcode：734 353 063*42

走根釧國道前往根室(ねむろ)，會經過44天鵝休息站，這裡是欣賞春國岱，以及風蓮湖的絕佳景點。風蓮湖屬於野付風蓮道立自然公園，周圍約65公里，也是跟海相連通的汽水湖，因此湖水是鹹水。這裡是日本最大的白鳥飛來地，可觀察到300種以上的野鳥，周邊有自然步道，春秋之間丹頂鶴會在此育兒，或許能近距離欣賞丹頂鶴的優雅姿態。

漁夫冬天在風蓮湖會以傳統的「氷下待ち網漁」進行捕撈。先用電鋸切開15公分厚的冰層，然後在冰層下放置漁網，是一種非常辛苦的捕魚方式，主要以捕捉價值高昂的胡瓜魚和冰下魚(一種鱈魚)為主。由於雜魚會被丟在冰上，便吸引了虎頭和白尾海鵰等猛禽前來搶食，成了賞鳥的好地點。但捕魚是在早上進行，早起的鳥兒有蟲吃，請別睡太晚，以免人去鳥空。

道之駅裡有好幾支高倍望遠鏡供遊客免費使用，肚子餓了也提供根室在地食材製作的料理，像花咲蟹拉麵或釜飯、生秋刀魚丼、牡蠣套餐等生猛海鮮料理，還有根室名物「エスカロップ」(一種醬汁豬排飯)，讓遊客獲得視覺與味覺的雙享受。

1.吸引許多賞鳥人士前來賞鳥／**2.**白尾海鵰／**3**、**4.**道之駅內部／**5.**風蓮湖和春国岱

日本最早的日出——根室

　　根室，號稱日本最早看到日出的城鎮，位在北海道最東的兩個岬角之一，雖然觀光知名度遠不及另一岬角——知床半島，但由於根室與釧路位處鄂霍次克親潮和太平洋黑潮交會處，形成北海道非常重要的漁場，夏秋間秋刀魚和花咲蟹產量日本第一，也因為秋刀魚非常鮮美，成為很多日本料理店會指定使用的高級食材。根室還有個特色，當地的清隆寺種植了30棵高達3公尺、樹齡130年以上的千島櫻花樹，5月中下旬才開花，讓此地號稱是日本最晚的賞櫻地點之一。

日本極東地標

　　由於日本跟俄羅斯在北方四島長期的領土糾紛，市內街道上經常可見「北方領土是日本的」、「領土魂」、「奪還北方領土」等宣示性標語，不過這就像我們在喊「釣魚台是我們的」一樣，充其量只是宣示意味而已。

　　「根室十景」是造訪根室可以參觀的景點，有風蓮湖、納沙布岬、春国岱、北方原生花園、落石岬、花咲燈塔車石、溫根沼、明治公園、浜松海岸與長節湖，至於姊姊心目中的推薦順序，就是前述的排序囉！

根室觀光協會

http www.nemuro-kankou.com

根室十景 Mapcode

風蓮湖 734 353 123*65
納沙布岬 952 158 792*32
春国岱 734 387 363*01
北方原生花園 423 773 697*53
落石岬 1043 269 719*60
花咲燈塔車石 423 401 007*25
溫根沼 734 359 655*02
明治公園 423 582 790*55
浜松海岸 423 093 712*37
長節湖 423 276 411*44

MAP P.233

風蓮湖

有溫度的傳統旅館
根室海陽亭

🌐 www.n-kaiyoutei.co.jp ✉ 根室市常盤町2丁目24番地 ☎ 0153-22-8881 💲 一泊含朝食¥5,000起(依季節不同) 🗺 P.233 | Mapcode：423 580 373*85

根室的住宿點不多，姊姊很推薦海陽亭這家老舖旅館，地點在根室市內，離JR根室站不遠，交通方便，也很適合當作觀光中繼站，不管是要去納沙布岬、花咲港、根室十景或是風蓮湖都非常近。斜對面有一家AEON商場，吃喝玩樂應有盡有，在這麼荒涼的道東區域來說，根本就是西門町等級了。

既然是老舖，當然要介紹一下他們家的早餐，嚴選各類道東地產食材，像根釧牛乳、齒舞昆布醬油、北海道品牌米ふっくりんこ、錦糸雞蛋等，還可挑選9種海鮮做成勝手丼，也有成吉思汗烤肉、海鮮貝殼燒、

海帶炒麵和咖哩等熟食，看來又可省下午餐錢了。

以前海陽亭晚餐還供應會席料理，有花咲蟹、酒蒸大牡蠣、沙西米拼盤和海鮮豆乳鍋等，食材高檔、質量兼具，只可惜近年營運方針改變，已不再供應晚餐，希望有天可以再重現啊。

|北|海|道|小|典|故|
花咲蟹

根室的花咲蟹產季在7～9月，體型可以長得跟帝王蟹差不多大，命名的原因說法有二：一是根室半島舊稱花咲半島，這種螃蟹因盛產於此而跟半島同名；另一種說法是原本活的花咲蟹是紫褐色，水煮過後會變成鮮紅色，有如花朵盛開，因而得名。這是北海道在地捕撈的螃蟹，不像帝王蟹幾乎都是從俄羅斯進口，也成了到北海道一定要吃的當地物產之一。

1、2.超豐盛的早餐和勝手丼／**3.**飯店外觀／**4.**和飯店經理合影

日本極東之地
納沙布岬

🌐 北方領土對策協會 www.hoppou.go.jp
📍 P.233 | Mapcode：952 158 792*32

「極點控」的朋友，千萬不能錯過這個爭議非常大的景點——納沙布岬。它是日本實際擁有主權的極東地標，但由於日本和俄羅斯在領土上的長年糾紛，日方一直不肯承認俄羅斯在北方四島(南千島群島，有擇捉島、國後島、色丹島與齒舞群島)的主權，所以這裡有很多具有怨念的標語和立牌，希望有一天能讓北方四島回歸日本領土。

這裡的建設與商店命名也都跟北方四島的主權脫不了關係。商店取名「望鄉之家」，交流中心則命名為「北方館」，裡面介紹了北方四島爭議的歷史，還有要求返還的簽名活動(當然姊姊也去簽名聲援一下)，搞不好日後北海道又多了幾個島可以觀光；連廣場的大型藝術品都叫《四島のかけ橋》，目的是希望能將北方四島和日本國土連接起來，下方聖火台的燃油還是大老遠從日本最南的波照間島開採運來，好像在聲明日本領土一塊都不能少，用心良苦。

|北|海|道|小|典|故|

紛擾的北方四島主權問題

1875年日本經由談判和蘇聯(現俄羅斯)簽訂了《庫頁島千島群島交換條約》，取得北方四島主權的談判官是榎本武揚。沒錯！就是創立了蝦夷共和國，結果在箱館戰爭戰敗，在政府軍主帥黑田清隆力保之下，關了兩年後就持續擔任政府官職的歷史人物。

但在二次世界大戰末期，蘇聯突然發動「千島群島登陸行動」，占領了北方四島，從此四島又改由俄羅斯統治。最近這幾年俄羅斯釋出善意，考慮將離日本最近的齒舞群島歸還給日本，到時要去日本極東點，就得要坐船出海才行了。

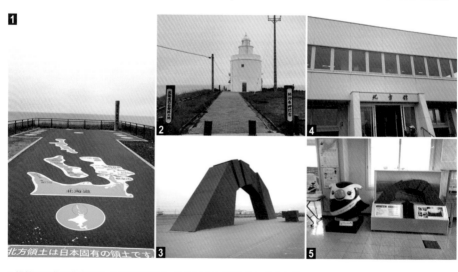

1.這裡可以望向北方四島／**2.**納沙布燈台／**3.**四島のかけ橋／**4、5.**北方館

北海道旅遊路線

夏孝花海路線

道南索蘭路線

新雪谷＋雷電國道之旅

十勝展望＋根釧野付國道之旅

日本海鷗羅隆之旅

千萬不能小看的迴轉壽司
根室花まる

http www.sushi-hanamaru.com ✉ 根室市花園町9丁目35番地 ☎ 0153-24-1444 ⓒ 每日11:00～22:00。休日請見網站公告

MAP P.233 | Mapcode：423 549 733*63

迴轉壽司在日本算是平價料理，適合家族、三五好友一起聚餐，但如果要請客人吃飯，感覺就有點寒酸了。但北海道的迴轉壽司完全跳脫這個框架，因為它可不是等閒之輩，產地直送，高檔食材毫不吝嗇地大量使用，還可現點現做，就算是宴請重要客戶，也毫不失禮。

而在北海道，「迴轉壽司根室花まる」是業界翹楚，除了根室本店，還有位在札幌、函館與中標津等分店，甚至連東京都有兩家。位在札幌車站的分店更是大排長龍，等2小時算是稀鬆平常。

嚴選季節食材，嚴守壽司本流精神，不盲目追求創意料理，堅守迴轉壽司「眼見樂趣」和「選擇樂趣」的醍醐味，讓人感受

1～4.各式壽司／5.利用不同顏色的盤子來分辨價格／6.店家外觀／7.內部空間

吃壽司的幸福為宗旨，價格也還算中等，值得嘗試。

由於位在都市的分店門庭若市，所以姊姊推薦如果剛好經過根室，記得安排一下來本店用餐，只要不是在用餐最熱門時段來，其實不太需要排隊，就可以輕鬆無負擔地享用美食。

牛乳產量日本No.1——別海町

北海道鮮乳真的很奇怪，平常不少人對牛乳的乳糖消化不良，不是喝了拉肚子，就是脹氣，但到了北海道，每天灌一瓶1,000毫升的牛乳卻相安無事，還越喝越開心。

別海町人口不到1萬6千人，卻飼養了超過12萬頭牛，在日本飼養乳牛的各町之中產量排名第一。由於牛喝的是摩周湖伏流水，加上海風吹來鹽分，使牧草礦物質豐富，在如此自然的環境下生長，每隻健康乳牛每天約可擠30公升鮮奶，充沛的乳量，吸引明治、森永和四葉等大型乳品公司到此設廠。究竟這裡牛乳產量有多大量呢？定居在別海的住民，可是每週都能領到5瓶200毫升牛乳，免費的呦！

除了牛乳外，漁產也非常豐富。扇貝、北海縞蝦、西別鮭和北寄貝都是名物，當地推廣使用扇貝等食材做成的美食「巨無霸扇貝堡」，套餐還搭配了500毫升的牛奶。乳牛之外，也飼養約1萬頭肉牛，所以牛肉也很有名，價格比神戶牛和松阪牛等便宜很多，但品質毫不遜色，其實說穿了，這些知名的和牛，很多都是從別海購買仔牛去飼養的呢。

http 別海町觀光協會betsukai-kanko.jp ➡ 位在中標津以南、根室以北

📷 **美麗的縞蝦棲息地**
尾岱沼

MAP P.151 | Mapcode：41 574 152*22

1.北海縞蝦／2.尾岱沼夕陽

尾岱沼因盛產一種「北海縞蝦」而出名，這種蝦身上有直條紋，生活在尾岱沼的海藻內，由於水深只有幾公尺，動力船會破壞縞蝦棲息的海藻，便以「打瀨舟」這種利用風力行駛的淺底船捕撈。夕陽西下時，打瀨舟三角帆在水面上作業的美景堪稱一絕，入選北海道美景100選也是實至名歸。但是只有6月和10月開放捕撈兩次，可別像

誌麟姊姊傻傻在夏天的尾岱沼開車，到處找不到打瀨舟啊！

這裡有尾岱沼溫泉旅館，可以住宿並品嘗北海縞蝦美味；也可泡「日歸溫泉」。參加6月底「縞蝦慶典節」，不必花大錢就能享受縞蝦的甜美滋味！

隨時可能消失的上帝作品——野付半島

野付半島是由於海流流速變化，從知床漂流來的砂石堆積而形成的沙嘴地形(只有一端與陸地相連)，全長26公里，是日本最大的沙洲，尾部地形有如蝦尾彎曲，或像芒草飄逸的形狀，包圍著野付灣。

自然中心

由於形狀狹長、地勢平坦，行車在野付半島的馬路上，左右兩邊都是海，讓人有摩西過海的錯覺，360度的全景視野，更是令人不想離去。要更深入認識野付半島，到自然中心(ネイチャーセンター)去就對了，這裡詳細介紹了沙嘴的成因、四季變化和棲息在此的動植物，野付半島的立碑也設立在旁邊，由於館內有方圓10幾公里唯一的廁所，大家還是乖乖地下車走一走吧。

這樣的地形會隨海流改變，可能會變換外貌，甚至消失不見。以前這裡因為離国後島近，成為交通貿易港，加上鯡魚群靠岸，捕撈業興盛，野付也曾燈紅酒綠，熱鬧非凡，當時還被稱為「幻之島」，但物換星移，現已人去樓空，原本生長在這裡的庫頁杉林和水猶樹林，也因為海水入侵而死亡，僅剩白色樹幹挺立不倒，形成孤寂荒涼、與世隔絕的奇景。

夏天，應該是拜訪野付半島最適合的季節，原生種花卉紛紛不甘寂寞，接力競演，將野付點綴上繽紛色彩，而野鳥和昆蟲也穿梭花海，忙碌非凡，也有機會看見白尾海鵰在堤防上排排站，等你來點名。

冬天的「氷平線」是近年來當地大力推廣的季節性景點，內海結冰形成一大片白色的冰平原，可以穿雪靴在冰原上行走，很多遊客也利用遠近的距離差拍攝出很多有趣的魔術照片，運氣好還可欣賞海豹和虎頭海鵰等野生動物，也是值得特別造訪。

◀在氷平線拍攝的有趣錯位照

野付半島自然中心
http www.aurens.or.jp/~todowara，點入「設施」 ✉ 野付郡別海町野付63番地
☎ 0153-82-1270 🕐 4～10月09:00～17:00，11～3月至16:00。年始年末休
💲 免費
MAP P.234 ｜ Mapcode：941 610 470*24

野付半島內景點Mapcode
野付埼燈塔 941 522 635*06
野鳥觀察舍 941 522 513*55
椴原(トドワラ) 941 579 444*62
楢原(ナラワラ) 941 662 802*66
原生花園 941 610 138*02
氷平線 941 610 311*44
MAP P.151、234

171

令人大開眼界的魚類科學館
標津鮭魚科學館
(標津サーモン科学館)

http s-salmon.com ✉ 標津郡標津町北1条西6丁目1番1-1号 ☎ 0153-82-1141 ⏰ 2～11月09:30～17:00。5～10月無休,其餘月分休週三 💲 大人¥610,高中生¥400,中小學生¥200,70歲以上¥500
MAP P.151｜Mapcode：448 854 728*21

　　標津鮭魚科學館本來只是姊姊天氣不佳的雨天備案(話說姊姊遇到下雨也是常態),沒想到竟然讓我驚豔不已,館中展示了全世界18個品種的鮭魚,也有可以親餵鱒魚的水槽,還有一個非常有趣的體驗活動,就是讓鱘龍魚咬手指頭,其實鱘龍魚只有魚唇沒有牙齒,所以不會受傷,完成還會頒發證書,大人小孩都玩得不亦樂乎。

　　館內有個飼養標津海域魚類的大水槽,也可直接觀察標津川的魚道水槽,依季節不同可看到不同的景象：2～5月可觀察剛孵化不久的稚魚,9～10月正好觀察壯觀的標津川鮭魚洄游,逆流越過河道;幸運的話,11月可以親見鮭魚產卵。

　　除此之外,館方還會舉辦稚魚放流、鮭卵人工授精教學等。館內也陳列了世界各地鮭魚的種類、分布、洄游路線,以及人類捕捉歷史等,寓教於樂。

5

6

1. 鮭魚科學館
2. 大水槽
3. 餵鮭魚體驗
4. 鱒龍魚體驗
5、6. 館內展示

誌麟姊姊說

　　在此介紹兩種比較特別的鮭魚給大家。正常鮭魚是在秋冬交替時洄游產卵，大多數北海道鮭魚也在這時期被捕獲，但有時可在春夏時捉到，漁民以為是搞不清楚時間就洄游的鮭魚，所以稱這種鮭魚「時不知鮭」(簡稱「時鮭」)。其實這是天大的誤會。這種魚跟北海道的鮭魚品種不同，是稱為「俄羅斯白鮭」的鮭魚，只是不小心被漁民捕獲，並不是搞錯季節洄游的鮭魚喔。

　　另一種是稱為「鮭兒」的夢幻鮭魚。這是1萬條鮭魚才會出現1～2條的突變種，牠們缺乏精巢或卵巢，沒有性別之分，也因此不需消耗生殖的營養，體內脂肪含量是一般鮭魚的10倍，年捕獲量只500～700條之間，故被稱為「幻之鮭」。每隻被捕獲的鮭兒都會給予身分證明，顯示其珍貴性。

📷

神奇！會唱歌的馬路

音樂道路
(メロディーロード)

MAP P.151 | Mapcode：658 382 032

　　這是由篠田興業所設計出的道路，在固定的速率下，利用輪胎輾壓寬度不同的凹槽，製造出不同頻率的聲音，組合成一首歌，目的是為了提醒駕駛者不要打瞌睡、降低行車速度，或是提醒經過危險路段等。溝槽也有幫道路排水的功能，目前在日本總共有6處的音樂道路，中標津這裡的音樂道路經過時所發出的音樂是森繁久彌作曲的《知床旅情》，雖說不在主幹

音樂道路標示牌和起點

道上，要繞一下路，但非常有趣，姊姊還玩了兩次。

野生動物的天堂——羅臼

北海道東邊有兩個岬角，上方為知床半島，以半島的中央山脈又分上、下兩部分，西北方是知床斜里，東南方就是羅臼，整個區域在1964年被指定為國立公園，並在2005年登錄為世界自然遺產。羅臼南方的海面是根室海峽，和北方四島的国後島只有短短25公里的直線距離，天氣晴朗時，国後島的美景清楚可見。

豐富漁獲

雖然和知床共處一個半島，但由於地理環境的差異，兩區的氣候、地理型態與動植物分布差異很大。羅臼一年四季都有非常豐富的魚獲，這歸功於三個原因：1.根室海峽在這一帶的海底突然直線加深超過1,000米。2.北方的流冰受到知床半島阻擋，不會漂流至此。3.山林沖刷的河水和流冰溶解的營養鹽注入海域，使得浮游生物豐富，形成優良的漁場。

保留原始生態系

由於知床半島上半部沒有公路，所以保持了非常原始的狀態，森林和海洋生態系都被完整地保護了下來，還有許多瀕臨絕種的野生動植物棲息，如虎頭海鵰和毛腿魚鴞等，在海峽也經常能看到大型海洋哺乳動物，如虎鯨與抹香鯨等。

夏季的羅臼

夏天是旅遊羅臼最佳的季節。可從羅臼港乘坐觀光船出海，不同時期在海上都會出現不同種類的鯨魚，就算不出海，在陸地上也可觀察到棕熊、蝦夷鹿、赤狐和許多野生鳥類。

喜歡登山的朋友，羅臼岳、羅臼湖和離熊之湯不遠的熊越瀑布都是很棒的路線，沿途可觀察到很多珍貴的原生植物，但由於實在太原始，遇見棕熊的機率很高，請結伴登山，並務必攜帶熊鈴或防熊噴霧，以策安全。而攀登羅臼岳必須登記才能入山，也請務必遵守登山規定，食物、垃圾和個人排泄物請妥善處理，攜帶下山。

野生動物目擊時間表
http www.rausu-shiretoko.com

動物名	月分
虎鯨(シャチ)	4〜6月中
帶紋海豹(クラカケアザラシ)	1月中〜3月中
小鬚鯨(ミンククジラ)	4〜7月中
日本鮭魚(シロザケ)	8月下旬〜9月
貝氏喙鯨(ツチクジラ)	7月中〜10月中
棕熊(ヒグマ)	4〜8月
抹香鯨(マッコウクジラ)	6月下〜9月中
虎頭海鵰(オオワシ)	1月中〜3月中
北海獅(トド)	11月中〜2月中
白尾海鵰(オジロワシ)	1月中〜3月中
斑海豹(ゴマフアザラシ)	1月中〜3月中

(製表/誌麟姊姊)

電影《非誠勿擾》場景

純の番屋

- http ppt.cc/frP2Ox　✉ 目梨郡羅臼町礼文町2
- ☎ 0153-87-5667，冬季0153-88-2227
- 🕐 4月底～10月底09:00～16:00。不定休
- MAP P.234｜Mapcode：757 353 211*77

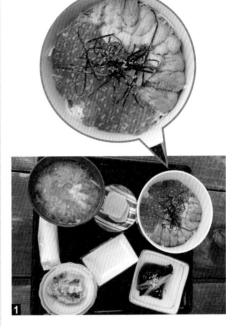

　　位在準備左轉知床羅臼橫斷公路之前，一間充滿人情味的小店，曾作為《非誠勿擾》和《來自北國──2002遺言》兩部電影的場景。木製小屋感覺非常溫馨，擺設非常海派，讓人感覺就是漁師直營的料理店；服務人員都是小有年紀的大姊，非常爽朗可愛，姊姊造訪那天天候不佳，氣溫很低，她們立刻熱情地奉上熱茶，讓我們的胃和心都暖和了起來。

　　店內主要販售美味的海鮮丼和定食，以及乾貨、土產品和紀念品。海膽丼和鮭魚

親子丼很新鮮，也有超夢幻的紅燒喜之次定食，和便宜卻不失美味的滷鰈魚，絕對值得讓你稍作停留。

1.好吃又便宜的各式海鮮丼／**2.**國道335上的告示牌，右轉就到／**3.**外觀就有純樸小店的感覺／**4.**餐廳內部

認識知床半島的門戶
羅臼遊客中心
(羅臼ビジターセンター)

🌐 rausu-vc.jp　✉ 羅臼町湯の沢388
📞 0153-87-2828　🕐 4～10月09:00～17:00，11～4月
10:00～16:00　💲 免費
🗺 P.234｜Mapcode：757 409 477*14

由日本環境省設置，在一個採光很好的空間裡，將知床的自然、歷史與文化，藉由映像、圖文解說，和各式模型(許多都可觸摸)與標本，介紹給來訪的遊客。場館分6個區域，包括知床的自然、海、河川、山岳、生活與資源循環。

另外也有許多和登山有關的訊息，要登羅臼岳或前往羅臼湖的人，請在此辦入山登記，遊客中心旁有個間歇泉，能看到噴發就算你運氣好喲！

1.內部／2.虎頭海鵰實際大小玩偶(翼展250公分)／3.4.內部展示，很多可以實際操作／5.間歇泉噴發

曾目擊過熊的溫泉
熊之湯

🗺 P.234｜Mapcode：757 409 423*20

從羅臼遊客中心再往前走，有個「熊之湯」的祕湯，千萬不能錯過。位在公路左邊，過橋後就可看到熊之湯的石碑和木牌。為什麼有此名字呢？因為這裡真的有熊出沒過，所以才稱為熊之湯。

熊之湯是野湯，不需費用，當地居民會義務整理環境，有簡易的更衣所，更衣所裡有捐款箱，繳個清潔費¥100即可。

溫泉男女分開，前面的女湯是內湯，後面的男湯則是裸湯，泉質超棒，但溫度很

▲男湯是室外湯(已獲同意拍攝)　女湯是內湯▶

高，脫好衣服千萬不要傻傻就跳下去泡，包你該熟和不該熟的地方最後都會全熟。池子旁邊有冷水管，打開開關，注入冷水調節水溫再泡，但也請遵守禮節，不要穿泳衣下水，有其他人在泡時也請禮貌詢問一下「可不可以加冷水？」，當個不失禮的旅人。

連接羅臼和宇登呂的絕景山路

知床橫斷公路(國道334)

MAP P.151、234 | Mapcode：知床峠757 493 272*85

　　知床橫斷公路是指國道334號，跨越知床半島，從羅臼往宇登呂全長23.8公里的區間。由於知床半島的阻隔，越過知床連峰的寒冷海風影響，以制高點知床峠為界，知床與羅臼兩邊氣候迥異，經常在知床晴空萬里，到了羅臼就濃霧密布，甚至陰雨綿綿，雖然相距不遠，也因氣候造成兩區生態完全不同，值得探究。

　　這條公路在11～4月間會因大雪而封閉，開山時會除雪，兩旁造成的雪壁雖沒立山雪壁壯觀，但也因遊客稀少，不需要人擠人就能輕鬆欣賞。公路的制高點是標高738公尺的知床峠，雖然不高，但由於緯度和海風影響，連7月都能看到殘雪，天氣好時連国後島都可印入眼簾；依山傍海，360度的絕景令人讚歎。但說實話，由於氣候多變，容易起霧，一年好天氣的日子還真不多。

　　特別要注意的是，知床半島是世界棕熊密度最高的區域，5月過後當棕熊結束冬眠，很容易碰上。剛結束冬眠的棕熊脾氣很差，母熊也會因保護小熊的天性，攻擊性很強，這不是小熊維尼，能避則避，也千萬不要下車。如果可以，請攜帶著熊鈴。此外，羅臼段易起大霧，能見度常不到10公尺，開車也請多留意，姊姊就真的差點撞到熊母子，真心不騙。

1.知床峠景色／2.在橫斷公路有機會目擊到熊／3.知床峠可以看見国後島／4.位在知床峠上的北方四島位置牌

日本海歐羅隆之旅

　　這條路線首先要帶大家從旭川出發，行經人口稀少的士別、名寄、美深、音威子府等地，到達日本最北的城市稚內市。接著搭船前往兩個深具特色的島嶼：礼文島，素有「花之浮臺」之稱，春夏間高山花卉爭奇鬥豔；利尻島，以生產高品質昆布和海膽聞名，島上的利尻山又有「海上仙山」的美名。

　　再沿著舊稱為「鯡魚街道」的歐羅隆國道(オロロン)沿著日本海南下，這條路過往因鯡魚捕撈而興盛，沿途興建許多「鰊番屋」供漁工住宿，天氣好時可遠望利尻富士，而日本海夕陽西下的絕景，更是令人驚豔。

　　出發吧！踏上這塊松浦武四郎曾親自踏訪的土地，感受日本海波瀾壯闊的美景！

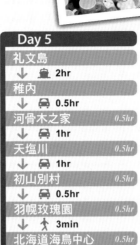

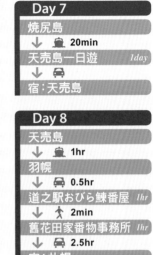

Travel Plan

Day 1

旭川
↓ 🚗 1hr
塩狩峠 *0.5hr*
↓ 🚗 1hr
道之駅もち米の里☆なよろ *0.5hr*
↓ 🚗 0.5hr
劍淵繪本之館 *1hr*
↓ 🚗 1.5hr
美深鐵路貨車王國 *2hr*
↓ 🚗 1hr
宿：名寄 *2hr*

Day 2

名寄
↓ 🚗 20min
MOA向日葵農場 *1hr*
↓ 🚗 1hr
「北海道命名之地」紀念碑 *10min*
↓ 🚗 1hr
幌延馴鹿觀光牧場 *1.5hr*
↓ 🚗 10min
豐富溫泉 *1hr*
↓ 🚗 20min
サロベツ濕原遊客中心 *1hr*
↓ 🚗 1hr
宿：稚內

Day 3

稚內
↓ 🚢 100min
利尻島一日遊 *1day*
↓ 🚗
宿：利尻島

Day 4

利尻島
↓ 🚢 45min
礼文島一日遊 *1day*
↓ 🚗
宿：礼文島

Day 5

礼文島
↓ 🚢 2hr
稚內
↓ 🚗 0.5hr
河骨木之家 *0.5hr*
↓ 🚗 1hr
天塩川 *0.5hr*
↓ 🚗 1hr
初山別村 *0.5hr*
↓ 🚗 0.5hr
羽幌玫瑰園 *0.5hr*
↓ 🚶 3min
北海道海鳥中心 *0.5hr*
↓ 🚗
宿：羽幌

Day 6

羽幌
↓ 🚢 1hr
燒尻島一日遊 *1day*
↓ 🚗
宿：燒尻島

Day 7

燒尻島
↓ 🚢 20min
天売島一日遊 *1day*
↓ 🚗
宿：天売島

Day 8

天売島
↓ 🚢 1hr
羽幌
↓ 🚗 0.5hr
道之駅おびら鰊番屋 *1hr*
↓ 🚶 2min
舊花田家番物事務所 *1hr*
↓ 🚗 2.5hr
宿：札幌

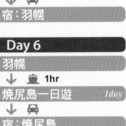

礼文島

宗谷岬
238
宗谷灣
稚内渡輪中心
稚内
稚內空港
40 大沼
宗谷丘陵

河骨之家

猿払川

利尻島

238
屈茶路湖
頓別川
275

佐呂別濕原遊客中心

豐富
豐富溫泉
幌延馴鹿觀光牧場
幌延

ペンケ沼

枝幸

232
40 天塩川
275

天塩
鏡沼海濱公園
天塩川河川公園
てしお溫泉夕映

北見幌別川

238

日本海

遠別

達別川

松浦武四郎
北海道命名之地

音威子府
函岳

雄武

初山別村

美深鐵路貨車王國

49
美深
MOA名寄農場
沼岳

興部川

天売島
焼尻島
羽幌渡輪中心

羽幌
羽幌玫瑰園
北海道海鳥中心
おろろん食堂
苫前

北海道立公園サンピラーパーク

名寄
朱鞠内湖
道之駅もち米の里「なよろ」

239

232

羊と雲の丘観光牧場

土別劍淵

道之駅おびら鰊番屋
舊花田家番屋事務所

40

劍淵繪本之館

N

小平

275

和寒

塩狩峠一目千本櫻
塩狩峠紀念館
天塩岳

留萌

三笠山自然公園

塩狩山中小屋

27

231 233

旭川

←往札幌

樸實農村——和寒

和寒這地名可能不常聽到，但它可是日本南瓜種植面積第一的小村，還因生產藏在雪地過冬、滋味會更清甜的高麗菜「越冬洋白菜」而小有名氣。它也是日本春季最後一波的賞櫻地，而夏冬兩季溫差可達70℃。和寒的三笠山自然公園值得一去，裡面的兒童王國有許多遊具可讓小孩玩樂，園區也有露營場和簡易木屋；冬天可往東山滑雪場，盡情享受北海道得天獨厚的粉雪。

➡ 行駛道央道北上旭川方向，於和寒IC下，接國道40往稚內方向北上即可

1.高麗菜田，未經同意請勿進入喔／**2.**長野政雄是JR鐵路公司員工，他在塩狩峠捨身救了火車上的乘客，來到這裡可見紀念碑

年中櫻花季最為熱鬧
塩狩峠一目千本櫻

MAP P.180 | Mapcode：470 175 784*81

這裡種植了1,600株櫻花樹，每到5月中旬同時盛開，一眼就能賞盡美景，故被稱為「一目千本櫻」。由於遠近馳名，原本寧靜的小地方到了這個時節會塞滿觀光客，連JR都因此加開臨時列車，可以想像其盛況。這裡幾乎是全日本最後開花的櫻花，如果還是錯過花期，大概只有根室才是你的救贖了。

塩狩峠櫻花盛開的美境，一旁是JR普通車

名著《冰點》的創作場所
塩狩峠紀念館
(三浦綾子舊宅)

✉ 上川郡和寒町字塩狩543 ☎ 0165-32-4088
💲 成人¥200，小孩半價
🗺 P.180 │ Mapcode：470 174 899*47

位在小山丘上的紀念館

　　暢銷500萬本的名著《冰點》是很多人在青年時代必讀的經典，作者三浦綾子就是在這裡經由丈夫代筆寫出這本巨作。後來這屋子被捐出成為紀念館，內部展示了夫婦兩人的生活空間，也納入了由真實故事改編的電影《塩狩峠》的資料，就位在塩狩山中小屋旁，可順道參觀。

拯救沒落社區的獨創點子
劍淵繪本之館

🌐 ehon-yakata.com ✉ 上川郡劍淵町綠町15番3號 ☎ 0165-34-2624 🕐 10:00～17:00
🗺 P.180 │ Mapcode：470 643 614*26

1.外觀／2.行動圖書館／3.超有特色的水溝蓋／4.乾淨明亮的閱讀空間

　　位於旭川北上50公里的名寄盆地內，劍淵是另一個以農業為主業的小鎮。務農辛苦，冬季酷寒，人口外移嚴重，為了振興地方觀光，當地年輕人突發奇想，以「繪本的故鄉」這個獨創點子為主題，成立了「劍淵繪本故鄉創立會」，並打造了「絵本の館」，把世界各國的繪本蒐集至此。

　　繪本之館為了讓孩童能有舒適的閱讀環境，地面鋪設木地板，進入者都必須脫鞋。這裡蒐集了多達28,500冊的書籍，也收藏了台灣繪本作家陳瑞秋著作《尋找顏色》，書中描述旅行家阿魯魯在劍淵的所見所聞，伴隨當地特產黑臉羊、越冬高麗菜和四季繽紛色彩的介紹，值得一讀(姊姊也有一本)。

　　館內還有設置10萬個檜木球的球池，非常乾淨，飄散檜木香，大人小孩都可以進球池玩樂，如果時間剛好，還有說故事時間(日文)，有興趣的人可以聽聽！

隱身在森林中的溫馨小屋

塩狩山中小屋
(塩狩ヒュッテ)

📶 shiokari.info　✉ 上川郡和寒町字塩狩503番地2
📞 0165-32-4600　💲 ¥7,150～8,446(含稅)
🗺 P.180｜Mapcode：470 205 031*54

讓我興起再度造訪和寒的原因，是位在塩狩峠的小民宿「塩狩ヒュッテ」。本體是兩層樓木造建築，由民宿主人合田康代親自搭建而成，內有4房，最多可容納13人，小屋被森林包圍，非常安靜，就算夏天也很涼快。旁邊就是無人站「塩狩駅」，每每火車經過，都引起小朋友興奮追逐。

當時看到民宿網站就一見傾心，第一次入住時親友團包下了民宿，跟老闆娘閒聊時，才知道我們是他們接待的第一組外國客，這不就是緣分嗎？房間不大，但杉木的香氣讓人心情放鬆，晚餐可以嘗到老闆娘的好手藝，也能預定附近知名店家「金子精肉店」的成吉思汗烤肉，分量十足；提早跟老闆說，還能體驗非常特殊的五右衛門風呂，好像煮人肉湯，有趣得很。

1.民宿外觀／**2.**和女主人合影／**3.**JR塩狩站／**4.**美味晚餐／**5.**早餐／**6.**五右衛門風呂／**7.**塩狩蠟燭之夜，紀念鐵道員長野政雄在明治42年2月28日的火車事件中救了乘客

向日葵花海——名寄

位在北海道中央的盆地裡，造成了夏天超過30度，冬天則低於零下30度的巨大年溫差，也曾創下-41.5℃的日本最低溫紀錄。

由於夏天溫度高，適合作物生長，而溫差大也有益於抑制病蟲害，因此糯米與綠蘆筍產量日本第一，由當地糯米製成的大福也非常好吃。馬鈴薯和南瓜也是主要作物，向日葵則是非常重要的經濟作物，尤其在智惠文附近的栽種面積達50公頃，夏季可驅車前往欣賞向日葵花海。

冬天由於氣候酷寒，空氣中的水蒸氣迅速凝固形成「鑽石塵」，散射陽光形成「太陽光柱」的奇特景觀，而冬天的粉雪，也吸引遊客前來體驗滑雪的樂趣。

以各式大福著名的休息站
道之駅もち米の里☆なよろ

http www.mochigome.jp/rest_area ✉ 名寄市風連町西町334番地1 ☎ 0165-57-8686 ◷ 販售部09:00～18:00，餐廳11:00～17:00。1/1休；餐廳每週三休
MAP P.180 | Mapcode: 272 440 153

每經過道之駅，總是不禁想轉方向盤進去看一下，深怕遺漏什麼不吃會後悔的在地美食，而的確有時也會出現驚喜，這就是道之駅的魅力啊！

もち米の里☆なよろ位在國道40號往名寄路上，「もち米」就是糯米，站內有許多當地農家的農產品與名寄特產，尤其是利用當地糯米製成的各式大福最吸引遊客，內餡包括豆沙、草莓、芝麻、哈密瓜和咖啡口味等，連不愛吃甜食的誌麟姊姊都受不了誘惑，買了一盒外帶。位在農業重鎮區，當然現採的蔬果也是購買重點，門口就有農產品直售所，物美價廉，高麗菜、玉米、番茄和哈密瓜等應有盡有，如果可以自炊就盡情購買吧！

最受歡迎的各式大福

農產品直售所

600萬株向日葵的震撼
名寄向日葵農場

http nayoro-kankou.com/wp　**MAP** P.180｜Mapcode：
MOA名寄農場更生会場 651 052 516*51
MOA名寄農場東雲会 651 051 596*58
サンピラーパーク会場 272 747 519*65

滿開的向日葵

　　北海道名氣最大的向日葵在北龍町，但姊姊覺得名寄的向日葵田一點也不輸北龍。由老派巨星西田敏行主演、漫畫改編的電影《星守る犬》就在這裡拍攝。

　　主要的栽種區都在智惠文附近，有MOA名寄農場更生會場、MOA名寄農場東雲會場、太陽柱公園會場(北海道立サンピラーパーク)三區，大約在7月底附近會滿開。沿著山勢種植、50公頃大地上約600萬株的

當地特色的向日葵汽水(顏色有特色而已)

向日葵同時盛開，就變成了一片黃色地毯，非常壯觀。由於名氣不大且距市區有段距離，所以遊客較少；跟道立サンピラーパーク公園非常近，可一起規畫進行程。

廢線鐵道的活化利用
美深鐵路貨車王國
(トロッコ王国美深)

http www.torokkobihuka.com，可事先預約　**✉** 中川郡美深町仁宇布トロッコ王国美深　**☎** 0165-62-1065
🕐 4月底～10月底08:30～17:00，其他時間至16:00
💲 大人¥1,500、高中生¥1,200、小學生¥700
MAP P.180｜Mapcode：832 758 385*02

2

1.簡單的軌道車
　(電池動力)
2.園方給的入國審
　查書和紀念車票

　　本來是日本鐵道支線赤字第一名，在廢線之後，便把舊鐵路線活化利用，讓遊客體驗在森林中駕駛簡易貨車的樂趣。

　　進入鐵路王國，第一步要進行「入國審查」，其實就是付費和查驗汽車駕照(是的，來這裡要記得攜帶汽車駕照和日文譯本備查)，查驗後會給遊客護照和乘車券作

為紀念，簡單介紹規則，就可以開始飆車了(但其實速度很慢啦！)，同路線來回，還滿好玩的。

擁有大片森林——音威子府

　　音威子府位在美深以北約32公里處，是北海道人口最少的行政區，這裡居民不到800人，森林面積高達88%。由於離鄂霍次克海和日本海都有50公里以上，屬盆地地形，氣候變化大。6～9月可能會出現超過30℃的酷暑，而冬季下起雪來是北海道數一數二的豪雪區，有時氣溫會低於零下30℃，降雪量也曾超過12公尺。當地有座「北海道命名之地」紀念碑，紀念對北海道非常有貢獻的松浦武四郎。

　　音威子府位在天塩川流域的中點，兩岸自然生態豐富，附近有天塩川溫泉，屬於中性低張性冷礦泉，町上也設置了「住民保養センター～天塩川溫泉」公共泡湯設施，只要¥400就能輕鬆泡湯。

紀念北海道命名者
松浦武四郎北海道命名之地

✉ 中川郡音威子府村物滿內
🗺 P.180 | Mapcode：684 247 614*73

1.紀念碑／2.介紹北海道名稱由來的解說牌

　　在國道40號旁，有一座紀念北海道的命名者——松浦武四郎所設立的紀念碑。

　　根據著作《天塩日誌》的記載，松浦武四郎曾在此長住，跟著當地的愛努長老學習愛努語，武四郎利用愛努語發音替北海道命名了許多地方。為了紀念他，由當地民眾設立了紀念碑，後來由政府改建，周圍沒什麼特色，但很具指標意味。

不用去芬蘭也能看到馴鹿

幌延馴鹿觀光牧場
(トナカイ観光牧場)

http tonakai-farm.com ✉ 天塩郡幌延町字北進398番
地 ☎ 0163-25-2050 🕐 09：00～17：00。週一休，
12/31～1/5休 MAP P.180 | Mapcode：530 733 647*75

　想看聖誕老公公的馴鹿，不用花大錢去
芬蘭，來幌延就可以了！

　原本生長在岐阜縣的主人，因想要飼養
馴鹿而遠赴芬蘭學習，並將10隻馴鹿引進
到氣候相似的北海道，繁殖至今已經到第
三代了。

　入場免費，可購買飼料餵食馴鹿，已經習
慣圈養的馴鹿一點都不怕生，看到有人靠
近，一大群都擠過來，反倒是手拿飼料餵
食的我們，擔心手會不會被咬傷，後來發現

馴鹿是用舌頭
將食物舔進
嘴裡，舔走飼
料留在手上的
就只是口水而
已。冬天來這
裡，還可扮成
聖誕老公公，
體驗坐雪橇的
樂趣呦！

1.販賣店內部／**2.**夏冷凍商品，也有馴鹿培根肉串／**3.**餵食馴鹿，這隻正在夏季掉毛／**4.**餐廳供應的合鴨拉麵／
5.雄偉的公馴鹿

乳牛是人口4倍——豐富

可讓大小朋友合影的看板

在北海道超商和超市的鮮奶區，一定會看到豐富町產的「サロベツ牛奶」。豐富町飼養了上萬頭乳牛，鮮奶年產量7萬噸以上，產量十分驚人。當地有一半土地都是森林，因此林業也是居民重要的經濟收入，而豐富也盛產扇貝，非常好吃。

來到豐富，除了鮮奶和扇貝以外，逛逛サロベツ佐呂別濕原，泡一下日本最北、有石油味的豐富溫泉，也是一大享受。

サロベツ牛奶

日本最北的溫泉
豐富溫泉

🌐 toyotomi-onsen.com ✉ 天塩郡豐富町字豐富溫泉1988 ☎ 0162-82-1777 🕐 08:30～21:00(20:30最後入場)，年始年末營業時間縮短。元旦休，4/10左右有4天休 💲 大人¥510，小孩¥250
🗺 P.180｜Mapcode：530 851 549*25

溫泉設施外觀

豐富溫泉是日本最北的溫泉，當初是在開採天然氣時連帶被發現的，顏色黃濁，含有少量石油成分，外觀跟十勝川溫泉很像，聞起來稍有油臭和氨氣(阿摩尼亞)味，很特殊，但不是每個人都能適應。溫泉具有保濕、殺菌和治療皮膚乾癬的功效，可以前往町營的溫泉施設「ふれあいセンター」體驗特殊的滑膩感，但姊姊提醒一下，氣味比較奇怪，不是每個人都能接受。

萬年泥炭堆積的自然景觀

佐呂別濕原遊客中心
(サロベツ湿原センター)

http sarobetsu.or.jp/swc ⊠ 天塩郡豐富町上サロベツ
8662番地 ☎ 0162-82-3232 ◎ 6～7月每日08:30～
17:30，其他月分時間略有不同，請先上網查詢
MAP P.180 | Mapcode：736 699 058*24

　　佐呂別濕原形成原因是1萬年前濕原和
海相通，海水入侵導致植物枯萎，幾千年
來堆積形成泥炭濕原，現在是滋養著許多
動植物的寶庫，也在2005年被拉姆薩公約
登錄為重要濕地。

　　由遊客中心進入參觀濕原，可先在中心
看看濕原動植物資料與泥炭開採歷史。由
於是非財團法人經營，有餘力的話可以買
點小東西當作贊助。濕原步道一圈大約一

公里，沿路有木棧道方便行走，但請遵守規
定，不要踏出棧道外，也不要攀折花木，並
記得帶走垃圾！這裡有廢棄的泥煤場，天
氣好時也能遠望利尻富士。電影《北方的
金絲雀》曾以這裡為場景。

1.濕原解說牌／**2.**也有巴士從天塩到這裡，但班次很少／**3.**佐呂別濕原為拉姆薩公約第1555號的濕地／**4.**遊客中心／**5.**遊客中心內部／**6.**原生花園展望台，天氣好時可以看見利尻富士

北海道最大住人離島——利尻島

　　人口約4,500人的利尻島距離稚內約52公里，和礼文島隔著礼文水道相望，面積184.11平方公里，是北海道最大的住人離島，周長約60公里，有繞圈的環島公路，交通方便。以標高1,721公尺的利尻山為圓心，形成一個接近圓形的島嶼。春夏間利尻島高山植物盛開，曾有300多種候鳥來過這裡；著名的「利尻海膽」和「利尻昆布」也以此時為採收期，吸引眾多觀光客。

　　利尻以高級昆布和新鮮海膽聞名，但有趣的是，島上每一處海邊的昆布和海膽多到感覺是在填海，不曉得為什麼還賣這麼貴？但千萬不能見獵心喜就親自下海捕捉，沒有捕撈許可證是違法的啊！

❀ 如何前往

1. 可搭乘Heart Land Ferry(ハートランドフェリー)渡輪。由稚內直接前往約1小時40分，或是由礼文島過去約45分。
2. 若從礼文前往利尻，請注意渡輪有兩條航路「鴛泊港」和「沓形港」。大部分遊客是在北邊的鴛泊港下船，這裡比較熱鬧，民宿也幾乎都在此接送住客。誌麟姊姊是將車運上利尻，所以選擇在西邊的沓形下船，比較清靜。
3. 利尻島也有空港，可由新千歲或丘珠機場搭機前往，節省時間。

Heart Land Ferry利尻航線稚內渡輪中心
🌐 www.heartlandferry.jp/status ✉ 稚內市開運2-7-1 ☎ 0162-23-3780
➡ 國道40號北上，在稚內站前右轉，直走到終點即到
🗺 P.180｜Mapcode：353 877 522*02

鴛泊港渡輪中心
✉ 利尻郡利尻富士町鴛泊 ☎ 0163-82-1121
🗺 P.235｜Mapcode：714 552 655*67

沓形港渡輪中心
✉ 利尻郡利尻町沓形 ☎ 0163-84-2424
🗺 P.235｜Mapcode：714 361 300*00

利尻空港
✉ 利尻郡利尻富士町鴛泊字本泊1143 ☎ 0163-82-1269
🗺 P.235｜Mapcode：714 547 884*47

Heart Land Ferry渡輪

❈ 島上交通

自駕最為自由，但當地租車很貴(5人座租8小時約¥18,000)，還不容易租到，最好事先請飯店或民宿先租比較妥當，渡輪也可運送汽車，但一樣價格非常高昂(4～5米長房車單趟就要¥20,870)。島上有巴士繞島運行，5～9月也有觀光巴士，從鴛泊港渡輪中心購票出發，會停留利尻幾個著名景點，分為利尻A、B兩行程，期間之外也可利用觀光計程車。

腳力好可借自行車環島，誌麟姊姊就看過有人騎，但似乎一臉痛苦，所以請考慮自身能力。每年6月會舉辦繞圈超馬賽，所以走路環島應該也不是問題。

島上住宿點很多，民宿、飯店、設備完善的露營場和小木屋都有。北海道最強超商Seicomart(商標是一隻鳥，誌麟姊姊都戲稱鳥店)在這裡有兩家，還附有熱食，不用擔心會挨餓，但要注意不是24小時營業呦。

宗谷巴士(利尻環島觀光路線)
🌐 www.soyabus.co.jp/teikan/course
✉ 利尻營業所：利尻郡利尻町沓形
📞 0163-84-2550 🕐 5/1～5/6、5/20～5/31、6/1～9/30可選約3.5hr「利尻A」行程。6/1～9/30另有約2.5hr「利尻B」行程，發車時間與行程內容詳見官網
💰 利尻A大人¥3,300，小孩¥1,900。利尻B大人¥3,100，小孩¥1,600
🗺 P.235 | Mapcode：714 332 751*20

1.南浜濕原／2.姬沼／3.仙法志御崎公園的海邊，可看到滿滿的昆布

利尻建議行程

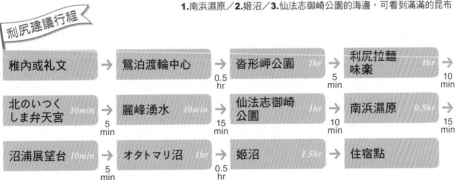

稚內或礼文	→ (0.5hr)	鴛泊渡輪中心	→ (5 min)	沓形岬公園 1hr	→ (10 min)	利尻拉麵味楽 1hr
北のいつくしま弁天宮 10min	→ (5 min)	麗峰湧水 10min	→ (15 min)	仙法志御崎公園 1hr	→ (10 min)	南浜濕原 0.5hr
沼浦展望台 10min	→ (5 min)	オタトマリ沼 1hr	→ (0.5 hr)	姬沼 1.5hr	→	住宿點

印在白色戀人商品的日本名山
利尻山

以6～8月最適合前往　有兩條路線：1.鴛泊路線，高度差1,490m，從北麓野營場進入，適合中級登山者。2.沓形路線，高度差1,280m，從見返台園地進入，適合高級登山者 MAP P.235

從姬沼望向利尻山(姊姊心目中最佳地點)

被稱為「利尻富士」的利尻山，標高1,721公尺，山上有永不溶解的萬年雪，在利尻的任何地方都可以看到它，連在北海道的日本海側，天氣好時都能遠眺利尻山，但說實話，由於西南方日本海長年吹來富含水氣的海風，導致利尻山經常被雲霧籠罩，也不是那麼容易可以看見全貌。

利尻島最經典的行程就是攀登利尻山，每年約有1萬名登山客造訪，爬升海拔超過1,500公尺，耗時約10～12小時。由於天氣變化劇烈，溫差也大，而且為避免汙染環境，垃圾與排泄物都須自行攜帶下山(必須購買攜帶式廁所)，因此只推薦給登山經驗豐富的朋友，同時最好聘請當地導遊，因為山上的天氣有如晚娘面孔啊！

沓形岬望向利尻山(路線二登山口就在附近)

可遙望礼文的小公園
沓形岬公園

✉ 利尻郡利尻町沓形字富士見町

 P.235｜Mapcode：714 361 032*43

位在利尻島西北方，和礼文遙遙相望，從沓形港出來就可看到沓形岬紅白相間的燈塔。這裡可以露營，但設備比較簡陋；公園不大，不過可以觀察一些特有的海岸植物，有個小小的無人遊客中心可以休息，廣場設置了紀念在利尻島出生的作詞家「時雨音羽」的紀念碑，碑上刻著成名曲＜出船の港＞歌詞，還有撥放器可以聆聽。

1.沓形岬露營場／**2.**沓形港與作詞家時雨音羽紀念碑／**3.**有趣的距離地標

最難到訪的米其林拉麵店
利尻拉麵味楽

✉ 利尻郡利尻町沓形字本町67　☎ 0163-84-3558
🕐 11:30〜14:00。週四休
 P.235｜Mapcode：714 331 777*41

味楽位於沓形港附近，除了地處北海道的離島，而被日本人公認是最難到訪的拉麵店之外，它也因入選米其林必比登(Bib Gourmand)推薦名單而聞名，營業時間只有中午短短2.5小時，稱得上是超夢幻拉麵，只要時間一到，門口就出現排列隊伍，記得盡量早點去。

這裡供應各種不同口味的拉麵，但最多人點的是醬油拉麵，湯頭毫不吝嗇地大量使用單價高昂的利尻昆布配上雞骨熬製，並將醬油用鐵鍋加熱焦糖化，混合成褐黑色的醬油口味湯頭，再搭配叉燒、筍乾、豆芽菜和具有嚼勁的中卷麵，口味非常獨特；夏季供應的限定冷麵，也很合誌麟姊姊味口。店內飲用水為麗峰湧水，甘甜美味。

1.味楽門口／**2.**超好吃的冷麵／**3.**利尻昆布拉麵為招牌口味

位在海邊的神奇小廟
北方嚴島弁天宮
(北のいつくしま弁天宮)

📷 P.235｜Mapcode：714 185 752*43

　　弁天宮位在島上西邊的仙法志區道道108旁，蓋在稱為「龍神の岩」海邊岩石上，傳說是為了感謝弁財天神，拯救了在附近因暴風雨遭遇海難的弁財船(北前船)而興建的，占地不大，在此可同時看見「寢熊の岩」和「人面岩」兩塊奇石。

利尻融雪的甘甜泉水
利尻三大名水

📷 P.235｜Mapcode：甘露泉水 714 491 138*53
麗峰湧水 714 128 763*70
長壽乃泉水 714 523 812*16

　　利尻山由於較少汙染，降雨或降雪都很乾淨，這些水滲入地下後，經多年慢慢流經岩層過濾，並溶出礦物質，形成三大著名泉水。但可能北海道太多類似的泉水，姊姊評比不出高下啊。

1.麗峰湧水／2.甘露泉水

看山與看海都合宜

仙法志御崎公園

✉ 利尻郡利尻町仙法志字御崎 ☎ 0163-85-1813
MAP P.235｜Mapcode：714 042 803*86

　位在利尻島最南邊的海邊，是欣賞利尻山的好地點，海岸由火山熔岩組成，很適合昆布和海膽生長，所以滿海密密麻麻的昆布和海膽，讓人口水直流。這裡豢養了從稚內流冰館寄養的海豹，可以花錢買小魚餵食，但池子小小的，感覺有點不忍。

　由於這裡位在島的西南角，夏天當西南氣流吹拂時，這裡是島上最不會下雨起霧的地方，也是欣賞利尻山的絕佳地點。

1.販賣處，可花¥100買小魚餌料／**2.**海邊滿滿都是昆布／**3.**看到人就靠過來的海豹／**4.**這裡是看見利尻山全貌的最佳地點

小而美的濕地生態
南浜濕原

🌐 www.rishiri-plus.jp/shima-place/354
✉ 利尻郡利尻富士町鬼脇南浜
🗺 P.235 | Mapcode：714 078 840*84

南浜濕原位在利尻島南部，環島公路道道108路邊，面積只有6公頃左右，但卻生意盎然，擁有100多種濕地和高山植物，路上也有指標可以認識植物，可說是生態的寶庫。環湖設有木棧道，長度只有2公里多，很少遊客駐足，適合散步，如果晴朗無風，利尻山的倒影倒映在池上，煞是美觀。

南浜濕原入口(左邊有廁所)

濕原內的メヌウショロ沼倒映著利尻山

白色戀人之丘
沼浦展望台

🗺 P.235 | Mapcode：714 110 666*83

說到北海道最出名的伴手禮，就不能不提「白色戀人」了，而白色戀人包裝上的那座山，就是利尻山，並且就是由沼浦展望台這裡拍攝的，所以這裡又稱為白色戀人之丘。

由於地勢較高，可同時看見利尻山和沼浦濕原中最大的水塘「オタトマリ沼」，而運氣好的話，還可看見利尻山倒映在湖面上；另一面是海，也可欣賞沼浦海岸的風光。

沼浦展望台標示。白色戀人的封面照在此拍攝

誌麟姊姊說

來到沼浦展望台，夫妻情侶別忘了與利尻山拍張合照，而且一定要讓「白色戀人之丘」的看板也一起入鏡，因為拿這張照片，可以到鴛泊渡輪中心內的觀光協會櫃檯申請一張「求婚證明書」，給另一半不一樣的驚喜！就算像姊姊早已結婚，還是可以領取呦！

遊客必去景點

オタトマリ沼

✉ 利尻郡利尻富士町鬼脇沼浦
☎ 利尻亀一：0163-83-1361
🗺 P.235｜Mapcode：714 109 866*60

位在島的東南方，是利尻最大的湖泊，湖上有不少鴨雁等鳥類，風景優美；設有散步道，可前往沼浦濕原。這裡有三家商店，其中「利尻亀一オタトマリ沼店」專賣利尻島特產，可以購買高檔的利尻昆布及相關產品，另外也有餐廳可品嘗烤扇貝等海鮮，還有一種由牛奶和可爾必思混合的特殊飲料「米魯必思」，請務必喝喝看。

1.風味特殊的米魯必思／**2.**利尻亀一商店為島上的紀念品專賣店／**3.**オタトマリ沼和利尻山

欣賞利尻山最佳角度

姬沼

✉ 利尻郡利尻富士町鴛泊灣內 🕐 5～10月(冬季封閉) 🗺 P.235｜Mapcode：714 495 873*83

姬沼周長約800米，深度只有2米，是一個興建來當漁塭的人造池，池內養殖姬鱒，所以稱為姬沼。這裡是誌麟姊姊認為欣賞利尻富士最棒的角度，入口有個小型商店販售明信片和照片，拍得很棒，我也買了幾張；周圍設有步道，值得花時間慢慢欣賞。

姬沼望向利尻山

北海道旅遊路線

夏季花海路線

道南索蘭路線

新雪谷＋雷電國道之旅

十勝展望＋根釧野付國道之旅

日本海鷗羅隆之旅

價格合宜的舒適旅館
田中家ひなげし館

http www.hinageshikan.com ✉ 利尻郡利尻富士町
鴛泊本町115 ☎ 0163-89-0811
MAP P.235 | Mapcode : 714 551 719*36

利尻島在夏季期間是旅遊旺季，房間經常供不應求，價格也較高昂，常令人望之卻步；相對來說，田中家價格就顯得合宜，但也很搶手，需要的話請盡早預訂。

田中家離鴛泊港很近，飯店提供免費接駁服務，可幫忙租車，也可免費租借自行車。一進房間，就看到冰箱裡豪氣地擺了香甜多汁的哈密瓜讓遊客消暑，大浴場使用利尻溫泉的泉水，讓旅客洗盡疲累，晚餐以套餐方式供應，菜色豐富，生魚片、新鮮海膽、海膽炊飯和活烤鮑魚等讓人食指大動。晚餐稍事休息後，飯店還提供夜間觀星活動，由年輕老闆親自介紹，雖然語言不通，但老闆還是努力使用簡單英文加比手畫腳想讓我們了解，著實令人感動。

如有登山需求的客人，飯店可免費接駁到登山口，也有幫忙準備飯糰早餐和午餐便當的方案，服務態度以客為尊，誌麟姊姊大力推荐。

1.放在房間冰箱的迎賓哈密瓜／2.和年輕的老闆合影／3.超豐盛的晚餐／4.鮑魚殘酷燒／5.海膽炊飯／6.海水無明礬海膽

北海道旅遊路線

夏季花海路線

道南索蘭路線

新雪谷＋雷電國道之旅

十勝展望＋根釧野付國道之旅

日本海鷗羅隆之旅

可泡湯的露營場
利尻北麓露營場

🌐 ppt.cc/fNRicx ✉ 利尻郡利尻富士町鴛泊字栄町自然休養林內 ☎ 0163-82-2394 🕐 5/15～10/15 💲 大人¥500，中學生¥300，小學生免費。汽車營位(有供電)¥2,500，簡易4人小木屋¥5,000
🗺 P.235｜Mapcode：714 491 420*20

利尻島上有5個露營場，誌麟姊姊介紹的是利尻北麓露營場，位在入選「日本森林百選」的鴛泊登山步道入口，附近就是「利尻富士溫泉保養施設」，占地廣闊，可以好好泡湯。溫泉區內還附設洗衣機，可以順便洗衣，天候不佳的話還有簡易小木屋可以選擇，但和市區有點距離，補給比較辛苦。

共同炊事棟

簡易4人小木屋 (有寢具)

設備完善的家庭露營場
利尻島家庭露營場「ゆ～に」

🌐 ppt.cc/fNRicx ✉ 利尻郡利尻富士町鴛泊字栄町 ☎ 0163-82-2166 🕐 5/1～10/31 💲 大人¥500，小學生¥300。汽車營位(有供電)¥2,500，簡易4人小木屋¥5,000(有寢具)，簡易6人小木屋¥7,000 (有寢具)，豪華5人木屋¥16,000
🗺 P.235｜Mapcode：714 551 284*64

夏天的利尻島經常一房難求，因此也可以考慮露營。家庭露營場「ゆ～に」，離北麓野營場很近，不過地點相對比較好(距離市區近，方便補給)，設備也較優，並有簡易木屋和設備具全的豪華木屋。旁邊就是「利尻富士溫泉保養施設」，想要洗澡時不用煩惱。

1.自由營位／**2.**簡易4人木屋外觀／**3.**簡易4人木屋內部

高山植物好吸睛──礼文島

　　位於稚內以西60公里的日本海上，面積81.33平方公里，人口約2,500，被稱為「花之浮島」，因為特殊氣候條件，島上布滿常見於高山的植物，為了能在短暫的夏季傳宗接代，短短5～9月百花齊放，因此很適合此時前來觀光。另外適逢海膽產季，遊客絡繹不絕，島上的住宿也非常搶手。

　　由於島的西半邊地形崎嶇，沒有環島公路，道路以道道40號為主幹，最北到澄海岬，最南到知床。交通船停泊的香深港附近是最熱鬧的地方，多數飯店、餐廳和商店都在附近，島上唯一的Seicomart便利商店也在此，可以買到超美味熱食！

拳參(伊吹虎の尾)　　　蝦夷鎧草

❋ 如何前往

1. 可由稚內港渡輪碼頭坐Heart Land Ferry前往礼文香深港，約2小時。
2. 渡輪座位有三種價位：一等休息室、一等和室和二等自由席。一等席包含劃位費用，二等席沒有固定座位，有座位與和室兩種選擇，也可加價預定特別室(最多6人)。
3. 渡輪能運送汽車和摩托車，汽車以長度計算，價格不菲，但因島上大眾交通不便，夏天的租車價高、難訂，所以還是得忍痛將車運到島上(運費包含司機二等席船資)。

Heart Land Ferry渡輪

汽車貨艙(必須倒車進入)

二等座位席

礼文吉祥物

香深乘船處

Heart Land Ferry礼文航線稚內渡輪中心

http www.heartlandferry.jp/status ✉ 稚內市開運2-7-1 ☎ 0162-23-3780 ➡ 國道40號北上，在稚內站前右轉，直走到終點即到

MAP P.180｜Mapcode：353 877 522*02

誌麟姊姊說

　　從稚內到礼文船要開2小時，但船大又平穩，暈船機率應該不大。買二等自由席又怕暈船的朋友盡量早點排隊，帶個充氣枕去和室躺平，但別睡到太舒服沒下船啊……

▼二等和室

✳ 島上交通

　　島上有巴士路線，但是班次少，會等到海枯石爛。暑假有觀光巴士(在渡輪中心購票搭乘)，旺季不少人坐，分為A、B兩行程，A行程會到澄海岬、須古頓岬、桃台猫台、北方金絲雀公園；B行程只到澄海岬、須古頓岬。

宗古巴士(礼文觀光路線)

http www.soyabus.co.jp/teikan/course ✉ 礼文營業所：礼文郡礼文町香深村 ☎ 0163-86-1020

🕐 5/1～5/6、5/20～5/31、6/1～9/30可選約4hr「礼文A」行程。6/1～9/30另有約2.5hr「礼文B」行程，發車時間與行程內容詳見官網 💲 礼文A大人¥3,300，小孩¥1,700。礼文B大人¥3,100，小孩¥1,600

MAP P.236｜Mapcode：854 170 384*17

礼文建議行程

| 稚內港 | → | 香深港 | → | 澄海岬 | → | 礼文敦盛草群生地 | → |
| | 2hr | | 0.5hr | | 5 min *0.5hr* | | 10 min *0.5hr* |

| 須古頓岬 *0.5hr* | → | 久種湖 | → | 金田之岬 | → | 剖海膽體驗中心 | → |
| | 15 min | | 1hr　5 min | | 路過　20 min | | *1hr* 1 min |

| 金環日食觀測紀念碑 *路過* | → | 北方金絲雀公園 | → | 住宿點 | → | (隔天)登山健行行程 |
| | 20 min | | *0.5hr* 0.5 hr | | | |

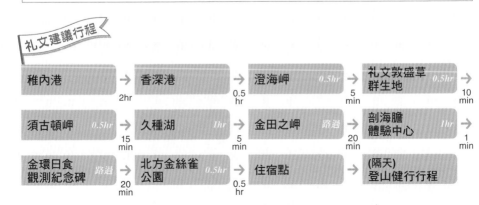

湛藍動人的絕色海景
澄海岬

位在島的西北角，道道40號的起點，天氣好的時候一定要排進行程，因為冰冷、浮游生物少，海水清澈見底，陽光透射時呈現魔幻般的深藍，7月初時海灣四周山脈蝦夷甘草(エゾカンゾウ，又稱北萱草，見上圖)盛開，甚是漂亮。

MAP P.236 | Mapcode：854 583 113*76

澄海岬

與最北宗谷岬的恩怨情仇
須古頓岬
(スコトン岬)

MAP P.236 | Mapcode：854 761 258*70

礼文最北端的岬角，8小時的健行行程(見P.206)由這裡出發，天氣好可以看到庫頁島。

原本以為這裡是日本最北限，所以民宿、廁所和商店等，都冠上了「日本最北○○」的字樣，沒想到重新丈量結果，日本最北限被宗谷岬奪走！由岬角往北看就是冬季海豹的繁殖地「海驢島」，附近的商店有賣昆布冰淇淋，可以嘗試看看(但不太合誌麟姊姊口味)。

1.須古頓岬展望台／**2.**最北限地標／**3.**礼文最北民宿「島之人」

202

適合露營的幽靜場所
久種湖

久種湖露營場
✉ 礼文郡礼文町船泊村字大备 ☎ 0163-87-3110
🗺 P.236｜Mapcode：854 648 808*78

礼文莊
✉ 礼文郡礼文町船泊村字大备 ☎ 0163-87-2755
🗺 P.236｜Mapcode：854 678 023*75

也是少數敦盛草的繁殖地，6月去的話別錯過觀賞這超可愛的小花；湖畔有設備完善的露營場、簡易木屋和配備齊全的豪華木屋。而誌麟姊姊投宿的地點就在附近的礼文莊，住宿空間雖不豪華，但價格實惠，晚餐也很豐富，裡面服務的大姊們都非常親切，開車的朋友可以選擇投宿在此，唯一不便只是離市區較遠。

1.環湖木棧道／2.露營場／3.民宿礼文莊外觀／4.露營場小木屋

現剖海膽的有趣體驗
剖海膽體驗中心
(うにむき体験センター)

🌐 ppt.cc/fXanQx
✉ 礼文郡礼文町大字香深村字キトウス
☎ 0163-87-2506 🕐 一般08:00〜16:00營業
🗺 P.236｜Mapcode：854 442 437*68

礼文的海膽是吃高貴的利尻昆布長大，香氣、甜味都是道內比不上的，如果想要「自己的海膽自己剖」，礼文漁協設立的剖海膽體驗中心可以體驗如何剖海膽，一顆只要¥800，很有趣，有空務必去試試！現場還會教你如何分辨公母，剖完當場享用，還有一些特殊的紀念品可以購買。

1.活海膽／2.門口的招牌／3.撬開的海膽，後面紅色是開海膽工具／4.用不織布吸水後即可食用，顏色不同是公母的區分，前公後母

嬌貴可愛的礼文天然紀念物
礼文敦盛草群生地
(レブンアツモリソウ群生地)

MAP P.236 | Mapcode：854 615 803*67

礼文敦盛草被指定為北海道天然紀念物，花期從5月中～6月底，袋狀的花瓣非常可愛，以前在礼文隨處可見，但由於盜採嚴重，現在只剩群生地與久種湖還可以欣賞了。

1.礼文敦盛草／**2.**礼文敦盛草解說牌

盡情觀賞可愛的胡麻斑海豹
金田之岬
(金田ノ岬)

MAP P.236 | Mapcode：854 769 043*52

位在礼文右上的岬角，馬路旁插了「金田ノ岬」簡單的立柱，很容易錯過，請經過時稍稍停下腳步，往海上多看兩眼，可以看到很有趣的畫面，有一群黑黑的圓柱體在外海礁岩上，不要懷疑，那就是一大群海豹在曬太陽呦！

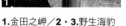

1.金田之岬／**2、3.**野生海豹

百年難得一見的天文奇景
金環日食觀測紀念碑

MAP P.236 | Mapcode：854 412 523*70

位在道道40號路上，在1948年5月9日11點50分37秒這裡發生了金環日蝕(就是日環蝕)，共聚集了1,500人在此觀賞奇景，故立碑紀念。

金環日食觀測紀念碑，上面半圓球就是代表日環蝕▶

漁協直送的新鮮美味

海鮮処かふか

http www.kafuka.or.jp ✉ 礼文郡礼文町大字香深村字
トンナイ558-1 ☎ 0163-86-1745
🕐 5～10月中旬11:00～15:00、17:00～21:00
MAP P.236｜Mapcode：854 171 844*33

　　產地就是新鮮無敵，要吃海膽，你可選
擇到香深漁協的附設餐廳「海鮮処かふ
か」，大片的面海觀景落地窗，天氣好時可
以遠眺利尻富士，搭上當天現剖、滿到看不
見白飯的海膽丼或海鮮丼，還有從水槽撈
出，保證活跳跳的現烤海膽、海螺與花魚
等。如果不吃生食，也有咖哩飯或拉麵可

以選擇，這家誌麟姊姊大推，來過絕不後
悔。海膽丼是5～9月限定，數量有限喔！

1.餐廳大樓／**2.**海鮮咖哩飯／**3.**海膽丼(¥4,300)

遠眺利尻的廣角美景

北方金絲雀公園
(北のカナリアパーク)

✉ 礼文郡礼文町大字香深村字フンベネフ
☎ 0163-86-1001 🕐 09:00～17:00
MAP P.236｜Mapcode：854 110 039*37

　　北方的金絲雀公園其實是由吉永小百合
主演的電影《往復書簡：20年後的作業》
(北のカナリアたち)拍攝地，2013年7月特地
將為了拍攝電影而蓋的「麗端小學校岬分
校」免費開放，在教室內可以看見電影場
景和布置，但內部禁止攝影。外面有一塊
有遊具的小綠地，視野很棒，可以看見利
尻富士，位於入口處的停車場很大，也有
遊客中心可以休息。

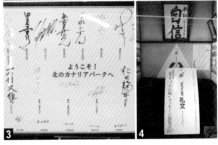

1.麗端小學校岬分校／**2.**操場的盪鞦韆(不能玩)／**3.**演
員簽名／**4.**內部，這裡以內就不能拍照了

礼文島登山健行
Let's Go Hiking！

礼文島有6條登山路線，路徑4～17公里不等，若在島上留宿，隔天可依時間長短規畫一趟健行之旅。

步道地圖 http rebun-trail.jp/map.html

1. 海岬巡禮行程：

從西北角的須古頓岬出發，全長約13公里，需時約5小時。途中會經過澄海岬和礼文敦盛草的群生地。

2. 8小時行程：

島上最長步道，位於浜中與香深井間，全長約17公里，步行需約8小時，島上很有名的桃岩莊就是帶遊客走這個行程。

3. 桃岩展望台行程：

位於西南角的桃岩展望台，有停車場，但車位有限，路又小又陡，會車不易，心臟要夠強大。從桃岩登山口到知床，全長5.3公里，步行約2小時。夏季高山花卉盛開時，滿山點綴著各式色彩，視覺很舒服。沿途經過桃岩與貓岩等知名景點，還可遠眺利尻富士，如果只選一條健行，不要懷疑就是它了。

4. 礼文岳行程：

前往礼文岳，來回約9公里，步行約4小時，沿途可欣賞高山植物，到了山頂還能盡享360度的壯闊絕景。

5. 礼文林道行程：

　　從元地側入口到香深井入口，全長約8公里，步行約3小時。6～8月沿途可欣賞礼文薄雪草群落。

6. 礼文瀑布行程：

　　從礼文瀑布入口來回約4公里，步行約3小時。

貼心提醒

1. 官方建議時間是依日本人腳程設定，實際時間最好以1.5倍來估算比較妥當。
2. 路線不是很好走，帶小孩的人請考慮。步道是泥土小徑，下雨天奉勸就別走了。不然會像誌麟姊姊一樣，兩隻鞋子變成土窯雞。
3. 由於正對寒冷的日本海，途中可能會遇上強風或濃霧，請多加注意。外套、雨衣、食物和飲水一定要準備。
4. 整個礼文島都畫分在國立公園內，所以沿路的植物都禁止採摘，而且生態系脆弱，行走時請務必只走在步道內，垃圾也請帶走。

1.路上的高山花卉／**2.**往桃岩展望台步道(只有這一段是水泥路)／**3.**桃岩展望台入口／**4.**桃岩監視所，看有沒有人偷摘花／**5.**入口花種介紹牌／**6.**路線指示牌／**7.**貓岩／**8.**桃岩展望台

在稚內欣賞日本海的好去處
河骨之家
(こうほねの家)

1

📶 ppt.cc/fJoTLx ✉ 稚內市濱勇知
📞 0162-73-2125 🕐 館內4月底～11月初09:00～
17:00，6～8月延長至18:00
🗺 P.180｜Mapcode：908 643 571*12

河骨之家是利尻礼文サロベツ國立公園內唯一的休憩所，可從2樓看見美麗的利尻富士和夕陽，旁邊是一小片天然沼澤。夏天時沼澤旁盛開著北海道道花「濱茄」，它與

玫瑰花是近親，而沼澤內種植的「河骨」(類似台灣萍蓬草)也開著黃色小花，由於位在沿日本海道道106必經路上，也可欣賞日本海美景，適合當作中途的休息站。

1.旅客中心，裡面有野鳥介紹和望遠鏡／**2、3.**濱茄／**4.**花種介紹牌

2

3

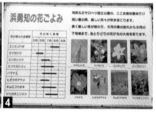

4

海景與夕陽的無敵組合
初山別村

📶 www.vill.shosanbetsu.lg.jp
✉ 露營場苫前郡初山別村字豐岬 📞 0164-67-2211
🗺 P.180｜Mapcode：692 513 284*52

初山別村，一個位在道北的小村落，會讓人停下腳步是因為擁有無敵的夕陽海景，海角台公園(みさき台公園)夏季有不少人露營，下方的金比羅神社是最適合觀賞夕陽的地方，這裡也擁有全日本最北的天文台，和面日本海的しょさんべつ溫泉可泡呦！

1.海角台公園／**2.**金比羅岬燈塔的露營場

1

2

1

北海道旅遊路線

夏季花海路線

道南索蘭路線

新雲谷＋雷電國道之旅

十勝展望＋根釧野付國道之旅

日本海鷗羅隆之旅

日本最北的大河
天塩川

鏡沼海浜公園
http ppt.cc/fGW1Jx ✉ 天塩町字更岸7476番地
MAP P.180｜Mapcode：830 734 672*85

天塩川河川公園
http ppt.cc/feuzvx
✉ 天塩町海岸通地先 天塩川河川敷地
MAP P.180｜Mapcode：830 794 280*70

てしお温泉夕映
http ppt.cc/fii6ox (只有樂天介紹最詳細)
✉ 天塩郡天塩町サラキシ5807番地 ☎ 0163-22-3111
MAP P.180｜Mapcode：830 734 774*28

天塩川總長256公里，是日本第四長的河川，起於士別，到天塩流入日本海。河川中段從名寄開始，長達百公里兩岸沒有任何人工設施，每年都會在夏季舉辦獨木舟活動，也可以划著獨木舟順流而下，而在出海口的天塩川河川公園和鏡沼海濱公園，更是欣賞夕陽和遠眺利尻富士的絕佳景點，如果想待一晚，可以住在位於鏡沼旁的「てしお溫泉夕映」，享用天塩特色美食「蜆貝拉麵」，泡泡非常特殊、具有阿摩尼亞味的鹽泉，還可直接在房間欣賞天塩最美的夕陽，日落雲彩顏色變幻，搭上利尻山的背景，保證令人動容。

1.天塩川的夕陽／**2.**鏡沼海浜公園／**3.**天塩川河口／**4.**てしお温泉夕映的大浴場／**5.**新穎的雙人房／**6.**蜆貝拉麵

甜蝦產量日本No.1——羽幌

羽幌，原本因為煤礦開採發跡，後來也因停止開採而沒落，因是前往天売與焼尻二島的中繼站，夏天遊人如織，冬季則十分冷清。

開車接近羽幌市區時，可以看到路邊有一隻高大的歐羅隆鳥水泥模型，北上南下各一隻，告訴你羽幌要到了。到了羽幌，別急著往離島跑，留個半天，你會發現其實羽幌也值得停下腳步。這裡可是日本甜蝦捕獲量最高的地區，別忘了在「道之駅ほっと はぼろ」吃碗甜蝦丼或甜蝦章魚煎餃，定時補充一下膽固醇，也可順便泡個溫泉。

羽幌觀光協會
http www.haboro.tv
歐羅隆鳥模型Mapcode：羽幌北508 853 698*67，羽幌南508 638 525*65

歐羅隆鳥模型

羽幌的夏季凡爾賽花園
羽幌玫瑰園
(はぼろバラ園)

http ppt.cc/fGuEYx ✉ 苫前郡羽幌町北5条1丁目
☎ 0164-62-3452 ⏰ 5～10月 💲 免費
MAP P.180 | Mapcode：508 700 581*54

這裡是日本最北的玫瑰園，園內種植了300種約2,000株的玫瑰，6～10月不同品種的玫瑰輪替盛開，但7月時最漂亮，此時空氣充滿玫瑰高雅香甜的氣息。

夏季的羽幌玫瑰園

日本唯一的海鳥中心

北海道海鳥中心

http www.seabird-center.jp

✉ 苫前郡羽幌町北6条1丁目　📞 0164-69-2080

🕐 4～10月09:00～17:00，11～3月09:00～16:00。
休週一、國定假日隔日、元旦

MAP P.180 | Mapcode：508 700 493*12

以天売島8種類、100萬隻海鳥為研究展示對象設立的自然中心，館內橫跨樓層的模型，重現了天売西海岸懸崖地形上各種海鳥築巢育幼的生態，也展示各種海鳥、鳥蛋和羽毛的實物模型。此外還有介紹150年前因人類捕捉而絕種的大海雀歷史，非常具有教育性。

1. 已滅絕的大海雀／**2.** 海鳥中心／**3.** 模擬天売島懸崖地形的模型

想吃甜蝦就選這一家

おろろん食堂

http ppt.cc/fC7nsx

✉ 苫前郡羽幌町北4条1丁目　📞 0164-62-4815

MAP P.180 | Mapcode：508 700 762*65

羽幌是全日本甜蝦產量最高的地區，這裡的甜蝦個頭大，香氣也特別濃郁，當然產地的價格更是讓人開心，來到羽幌，不好好地吃碗甜蝦丼實在說不過去。

歐羅隆食堂就位在羽幌玫瑰園對面，每到中午就門庭若市，也沒有什麼複雜的料理，就是甜蝦丼、甜蝦定食等，如果要吃熟食，就點甜蝦拉麵或海鮮咖哩，反正每道料理都要放甜蝦就對了！

1. 甜蝦拉麵¥1,000
2. 白色的食堂外觀
3. 甜蝦丼¥1,600

薩福克羊的幸福天堂──焼尻島

　　位在羽幌以西24公里的焼尻島，為北海道5個住人離島中最小、人口也最少的離島(只有不到200人，姊姊家一上島，人口數狂增1/60)。面積5.19平方公里，周長10.6公里；環島道路是道道255號，長度9.1公里(姊姊跑步實測)，整個島歸屬於「暑寒別天売焼尻國定公園」。

　　如果腳癢，隨時都可舉辦環島路跑，島上永遠為你管制車輛，誌麟姊姊早上環島一圈只遇到兩個人和三隻狗沿路加油，所以請安心跑步。

※ 如何前往

　　可從羽幌坐「羽幌沿海渡輪」(羽幌沿海フェリー)。交通船分為兩種，渡輪(1小時)和快速船(35分)。渡輪比較晃，不建議乘坐，但可運送車輛，船前面也設有臥鋪，如果怕暈船，上船後請能躺就躺，快速船則只有座位，沒有臥鋪。

羽幌沿海渡輪

羽幌渡輪中心
🌐 www.haboro-enkai.com
✉ 苫前郡羽幌町港町1丁目 ☎ 0164-62-1774
MAP P.180｜Mapcode：929 381 776*26

焼尻渡輪中心
✉ 苫前郡羽幌町大字焼尻字東濱 ☎ 0164-82-3111
MAP P.237｜Mapcode：929 381 744*42

焼尻渡輪中心

※ 島上交通

　　一下船就有自行車可供租借(每天¥1,000)，但島上高低起伏大，要有心理準備，也可像誌麟姊姊一樣用跑的，焼尻就那麼丁點大，不用花大錢運車上去，夏季時也有觀光巴士行程可供選擇，在港口遊客中心即可購票搭乘。

焼尻觀光巴士(焼尻観光ハイヤー)辦公處
✉ 苫前郡羽幌町大字焼尻字白濱320 ☎ 0164-82-3513 💲 每人¥1,400
MAP P.237｜Mapcode：929 351 227*80

歷經燒尻繁華的有形文化財

鄉土紀念館
(舊小納家)

苫前郡羽幌町大字燒尻字東濱183番地

0164-82-3392　5～9月09:00～16:00

¥320，高中以下免費

MAP P.237｜Mapcode：929 381 409*12

建築物本體有兩層，是由第二代小納宗吉在西元1900年建成，大量使用高檔的黑檀木和檜木當建材，屋頂則由英國進口的亞鉛板搭建，可以想像當時小納家富裕的程度。

小納家族出身石川縣，以捕鰊魚發跡，後來兼經營布匹、雜貨等生意，1樓還曾當作郵局和電信局，幾乎掌控當時燒尻島的經濟重心。1977年家族捐出建物，並於隔年成立鄉土紀念館，入內要參觀費，值不值得見人見智，但誌麟姊姊很愛這味。

1.屋主小納迷人的年譜／**2.**留聲機／**3.**紀念館外觀／**4.**館內有燒尻鳥類標本／**5.**捕鰊魚船的模型介紹

強勁海風造成的特殊景觀

紅豆杉林
(オンコの莊)

請留意路邊指示牌

MAP P.237｜Mapcode：929 350 524*18

燒尻冬天氣候嚴寒、風勢強勁，造成300多年壽命的紅豆杉林生長高度只有1米多，但直徑達10米，還可以鑽到裡面，內部很涼爽，空間也很大，別有洞天，非常特殊。

1.個頭矮小、橫向生長的紅豆杉／**2.**紅豆杉內部空間

藏身在離島的廣大森林
雲雀之丘公園

➡ 請留意路邊指示牌
MAP P.237 | Mapcode：929 380 346*35

　　很難想像小小一個離島中央，會有這麼大面積的森林公園，許多奇樹、草花，還有野鳥和昆蟲棲息其中，是可以體驗大自然的最佳場所。這裡可以將腳踏車騎入公園，或騎或牽著逛，樹林內涼風習習，非常舒適，還可以節省不少時間。

1.雲雀之丘公園入口／**2.**公園步道／**3.**公園裡有許多奇木介紹

紅豆杉與薩福克羊
紅豆杉海道
(オンコ海道)

MAP P.237 | Mapcode：929 349 804*70

　　這條路不是主要幹道，有點像產業道路，地勢較高，如果天氣好，牧場的薩福克羊就在此放牧吃草，海天一色的美景盡收眼底，由於面向日本海，也可看到許多株被強風吹襲的紅豆杉林。

誌麟姊姊說

　　環島路上可以看到黑臉羊悠閒地在青空下吃草，這種羊名叫薩福克羊，由英國引進，被當成高級食用肉的品種，在北海道也只有少數的餐廳提供，但由於燒尻有飼養，所以價格便宜許多。

▼放牧羊群

近距離欣賞天売全景的地點
鷹之巢園地

`MAP` P.237 ｜ Mapcode：929 346 508*85

島的西南部有一片開放的草地，可以很清楚看見距離3.5公里的天売島和相隔二島的武藏水道，天氣好時天塩山系、雄冬岬海岸，甚至連利尻富士也能看見，或許還能跟姊姊一樣，看到一群老鷹沿上升氣流在此盤旋。

1.前往鷹之巢的路上／**2.**從鷹之巢園放眼望向天売

民宿老闆溫柔親切
磯乃屋

`http` www.isonoya.com

苫前郡羽幌町大字燒尻字東濱 ｜ `C` 0164-82-3511

`$` 大人¥7,560起(含稅、早餐與晚餐，依晚餐種類與單房人數而異)。小孩¥3,800(含稅、早餐與晚餐)

`MAP` P.237 ｜ Mapcode：929 381 165*04

誌麟姊姊在燒尻是入住在島上最大的民宿「磯乃屋」，阿部寬在拍《幸福的黃色手帕》(幸福の黃色いハンカチ)時也曾住在這裡。老闆也是賞鳥愛好者，民宿玄關有許多鳥類照片；晚餐非常豐富，有螃蟹、海膽、油鰈等好物，只要預定，還可以吃到稀少的薩福克羊，十分美味。

老闆看來木訥，但其實內心溫柔，當天風浪大，老闆還特別寫信，告訴我們小孩可能會暈船，可以取消不用去，但我們表明一定會入住後，還特別提醒我們上船就要趕快躺平以免暈船；剛下船就看到老闆已經在碼頭等候，幫我們載行李去民宿，好讓我們可以輕裝騎車，體貼的服務讓人難忘。

1.和民宿主人合影／**2.**晚餐／**3.**加點烤薩福克羊，¥1,000

百萬海鳥齊聚──天売島

　　天売島，位在羽幌以西27公里，面積5.5平方公里，周長約12公里；環島道路是道道548號，周長9.9公里(誌麟姊姊跑步實測)。歸屬於暑寒別天売燒尻國定公園，人口不到300人。島的西南岸是懸崖地形，夏季吸引眾多海鳥來此築巢育幼，又稱為「海鳥樂園」，並被指定為天売島鳥獸保護區。

天売也是海膽的大產地

　　天売和燒尻並稱為「夫婦島」，兩島地形很像，村落都集中在港口附近，不過天売大一些，地形起伏也更大，因為夏天很多遊客來觀賞海鳥，民宿也較多。

　　另外還有採海膽、划獨木舟、星空觀察等體驗行程，覺得自己沒釣魚天分的人，也可以來漁港好好雪恥，這裡的魚，經常會有一竿多隻上鉤的呢。

港口就可以釣到許多目張魚

※ 如何前往

　　可由燒尻島坐羽幌沿海渡輪(羽幌沿海フェリー)到天売島。交通船有渡輪(25分)和快速船(15分)兩種。渡輪可載運車輛，而高速船速度快，也較不易暈船，但價格較高(夏季有折扣)。

燒尻渡輪中心
🔗 www.haboro-enkai.com
✉ 苫前郡羽幌町大字燒尻字東浜
☎ 0164-82-3111　MAP P.237
Mapcode：929 381 744*42

天売渡輪中心
✉ 苫前郡羽幌町大字天売弁天
☎ 0164-83-5211　MAP P.237
Mapcode：929 309 682*75

▲天売島玄關─天売渡輪中心

快速船▶

❋ 島上交通

　　如果旅遊時間短，可以選擇觀光巴士，配合交通船時間，行程約1.5小時，可到港口或民宿接送。如果要租車，港口有租車行，汽車、機車和自行車都租得到，誌麟姊姊建議如果有小孩請租機車或輕型車，畢竟天売的地形起伏可不是好惹的，到時爸爸一人騎三台就有趣了！(話說回來，誌麟姊姊全家還是騎單車，也照例舉辦個人環島路跑賽！)

租借腳踏車、機車的商店

❋ 島上行程

　　「天売島おらが島活性化会議」是島上類似NGO的協會，有經營採海膽、海洋獨木舟與觀星等行程。也可前往天売島觀光案內所，索取旅遊相關資訊(電話：0164-83-5401，Mapcode：929 369 320*01)。

天売島おらが島活性化会議 ⓗ www.facebook.com/teuri.oragashima ✉ 苫前郡羽幌町大字天売字弁天40-1 ☎ 0164-83-5515 ⓜ P.237 | Mapcode：929 340 841*41

以海鳥生態為主的主題設施

海之宇宙館

ⓗ ppt.cc/fGS39x
✉ 苫前郡羽幌町大字天売字弁天40
☎ 0164-83-9001。炭火海鮮番屋0164-83-5714
ⓒ 每日09:00～17:00 ⓢ 島上觀光大人¥2,000，善知鳥觀察大人¥1,500(以上小孩皆半價)
ⓜ P.237 | Mapcode：929 370 001*63

　　就在港口附近，展示了生態攝影師寺沢孝毅的作品，也兼販售土產和原創商品，還可預訂島上觀光和夜間「善知鳥歸巢」觀察行程。若天氣不好，就不妨在這裡喝杯咖啡，悠閒度過一段時光。

　　這裡有賣一款非常特別的紀念商品「天売國護照」，旁邊就是炭火海鮮番屋(只有中午營業)，供應定食、海鮮丼和烤活海膽等各式碳烤海鮮。

1.海之宇宙館外觀／2、3.內部展示島上自然生態照片／4、5.炭火海鮮番屋與烤活海膽

38公尺高紅色巨岩
赤岩

MAP P.237 | Mapcode：929 275 410*28

赤岩是天売最著名的地標，旁邊設有赤岩展望台可供近距離觀賞。這裡是善知鳥(ウトウ鳥)的棲息地，每年約有60～80萬隻善知鳥來此築巢育幼，赤岩燈塔附近設有步道可以觀察善知鳥的生態，夏季夜晚有付費接駁專車往來民宿與赤岩之間，交通免煩惱。

善知鳥白天出外捕魚，傍晚集體回巢時非常壯觀，飛行速度很快，會像轟炸機一樣俯衝下來。而為了躲避海鷗搶食，在地面會跟夜間視力不佳的海鷗玩「1、2、3木頭人」的攻防戰，真的很值得去看看。

1.滿天的善知鳥／**2.**近拍善知鳥／**3.**赤岩／**4.**善知鳥巢穴／**5.**在這裡也可見到黑尾鷗

看夕陽和海鷗群居地

觀音崎展望台

MAP P.237 | Mapcode：929 338 542*51

觀音崎展望台

　　觀音崎展望台上可以看到觀音崎百米懸崖的魄力，這裡也是海鷗棲息地，傍晚海鷗歸巢時，可用望遠鏡觀察幼鳥，崖上有一片崩落成心型的地形，吸引許多戀人前往。

觀察歐羅隆鳥生態

海鳥觀察舍

MAP P.237 | Mapcode：929 306 368*51

1.海鳥觀察舍／2.棲息在天売島的鳥類／3.觀察舍往外拍海鳥棲息的懸崖

　　這裡設有高倍數的望遠鏡，4～8月可以觀察非常稀有的歐羅隆鳥(オロロン鳥，從稚內到羽幌的國道就以此鳥為命名)在此築巢育幼，為了要吸引牠們來築巢，懸崖洞裡設置了鳥的模型，並播放叫聲，可別把模型誤會成真鳥了。

《孤獨的美食家》作者
也來過的漁師民宿
榮丸

http sakaemaru.jp　✉ 苫前郡羽幌町大字天売字前濱
☎ 090-8425-9859　$ 住宿¥9,500(含稅與早晚餐，有接送服務)。觀光船行程¥3,000(小孩半價)
MAP P.237｜Mapcode：929 340 436*78

為了要在天売觀察善知鳥回巢，勢必要住一晚，誌麟姊姊唯一推薦這家民宿「榮丸」，老闆本身是漁師，老闆娘也熱情好客，連《孤獨的美食家》作者也入住過。晚餐選用當天現抓的魚、貝、蝦、海膽，新鮮現烤而且分量極多，最後還附贈一碗海鮮丼和扇貝湯，讓住客膽固醇直衝天際。

如果要更深入認識天売，可搭乘老闆駕駛的觀光船從海上更近距離觀賞海鳥，運氣好還可以看到歐羅隆鳥和海豹，但天候不佳或老闆忙碌時就不開船了。

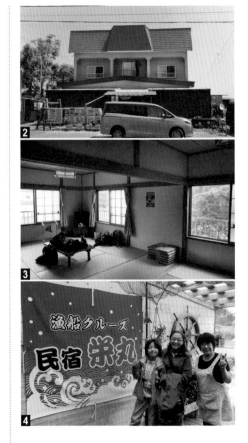

1.《孤獨的美食家》作者簽名板／2、3.民宿內外／
4.與老闆娘合照／5.從觀光船上賞鳥／6、7.豐盛晚餐

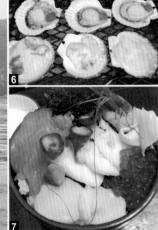

往昔鯡魚業繁榮之地——小平町

　　小平町以前曾因捕鯡魚和煤礦開採而興盛，現在則以捕捉章魚、扇貝、海膽為主，也生產稻米和哈密瓜等作物，夏天美麗的海水浴場更是吸引人。

設施新穎、食物多樣

道之駅おびら鰊番屋

📶 ppt.cc/fiZpHx
✉ 留萌郡小平町字鬼鹿広富(國道232號沿線)
☎ 0164-56-1828
🗺 P.180 | Mapcode：959 184 122*60

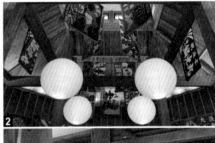

　　道之駅以「小平町觀光交流中心」、「食材供給設施」和「重要文化財舊花田家番屋」三個建物組成，展示歷史文物，向遊客傳達過往鯡魚業繁盛的情景。對面則有靠海的「にしん文化歷史公園」，有松浦武四郎的雕像和短歌，夕陽西沉時景色宜人。

　　一進道之駅，就感受到祈求豐收的大漁旗魄力，左邊有「親方之間」，重現當時捕鯡魚業主「網元」的起居空間(可脫鞋進

入)；再往內就是銷售區，除了當地漁農物產，還有完全用當地食材製作的小平町漢堡，千萬別錯過。

　　大廳右方是大型餐廳，有多樣的海鮮類定食任君選擇(需使用機台購買餐券)，也可來份鯡魚親子丼或鯡魚蕎麥麵，嘗嘗這魚的滋味。

1.附設餐廳外觀／**2.**入口懸掛的大漁旗／**3.**親方之間／**4.**鯡魚蕎麥麵

網元建立的漁夫休憩所
舊花田家番屋事務所
(旧花田家番屋)

http ppt.cc/f6JXPx ✉ 留萌郡小平町字鬼鹿広富35番
地の2 ☎ 0164-57-1411
🕐 5～10月08:00～17:00、11～4月09:00～16:00。
除6月中～8月中以外，其餘週一休 💲 高中生以上
¥400，中小學生¥150
MAP P.180｜Mapcode：959 184 062*55

華，舊花田家就是那個時代的產物。

舊花田家是由花田作三在明治29年建
成，兩層樓建物，占地約800平方公尺，可
容納200人入住，被認定為北海道遺產，裡
面展示捕魚工具和生活用品，有空的話可
付費進入參觀。

鯡魚曾是北海道日本海側重要的經濟魚
類，當時有句「群来る、春告魚」，意指春
天鯡魚歸來，整個沿海城鎮便活絡起來。
網元為了提供給漁夫住所，蓋了許多「鰊
番屋」；為了炫富，屋子就越蓋越大、越豪

1.介紹牌／**2.**門口背鯡魚像和「群來了」介紹／**3.**建物外觀

余市的惠比壽岩(左)和大黑岩(右)

羊蹄名水公園

北海道旅遊路線

夏季花海路線

道南索蘭路線

新雪谷＋雷電國道之旅

十勝展望＋根釧野付國道之旅

日本海鷗羅隆之旅

旅 行 MEMO

喜歡在日本購買藥妝品的朋友，請照過來！日本海關針對旅客出境攜帶物品規定，主要是針對化妝品、醫藥品和噴霧罐(包含易燃、氣體或壓縮氣體)進行總量管制，可別買到超重，說姊姊沒提醒喔！

藥妝品規定

分為以下表格中的A、B、C三種，三者加起來不能超過2公升和2公斤(其中一個超過就不行)，且單瓶不能超過0.5公升和0.5公斤(其中一個超過就不行)。

項目	限制	範疇
A.易燃或壓縮罐化妝品類	可手提，可託運，單瓶不超過0.5公升和0.5公斤	✓護髮用品(髮膠、髮蠟、定型噴霧、染髮劑、生髮用品等)
		✓護膚用品(乳液、化妝水、防曬油、洗面乳、沐浴劑等)
		✓制汗、清涼冷卻噴霧，芳香、體香劑和噴霧
		✓隱形眼鏡藥水、漱口水、假牙清潔劑
		✓香水、精油、衣物芳香劑、除臭劑
B.易燃或壓縮罐醫藥品・醫藥部外品*	可手提，可託運，單瓶不超過0.5公升和0.5公斤	✓蚊蟲預防和蚊蟲叮咬塗劑和噴霧
		✓消炎止痛的塗劑和噴霧
C.噴霧罐	可手提，可託運，單瓶不超過0.5公升和0.5公斤	✓例如空氣罐、二氧化碳氣體罐，但不可有毒性或可燃性

*醫藥部外品：經官方認可具有療效或預防功能，但不屬於醫藥品的商品。　　　　(製表／誌麟姊姊)

這麼多限制的東西，哪記得起來呢？其實不用太擔心，最主要就是含酒精(醇)類，或是汽油類和噴霧型的產品才受限，也就是瓶身標明「火気と高温に注意」會受到限制。

而受限制的洗面乳是指「氣體罐」的洗面慕斯；防曬乳、髮膠也是限制噴霧罐類型而已，其餘都不受總量限制。但若是化妝水和刮鬍水等含有酒精成分的溶液，因為易燃的原因，這類型才在受限範圍內。至於防蚊貼片等因屬於環境用藥，不能帶回台灣。

224

酒類規定

· 酒精含量24～70%的酒類,總量不得超過5公升,超過70%不能攜帶出境。

　　但不管濃度,回到台灣入關後,免稅不得超過1公升,1～5公升走報稅通道報稅,請多加注意。同時也別忘了液體超過100毫升不能手提上機,請盡量在日本機場過了海關檢查之後的免稅店購買。

電池規定

· 筆電和平板(電池容量160KWH以下):手提、託運皆可。
· 手機備用電池、行動電源(電池容量160KWH以下):只能手提,不能託運。
· 乾電池、鎳氫電池(1～4號,1.5V的,或是方形9V的):手提、託運皆可。

其他規定

· 刀具、棒狀木工用品(木刀、木棍、木製運動用品):請通通託運。
· 本人用的注射針劑、血糖機等自身醫療用品:手提、託運皆可。

入境台灣 報關規定

　　台灣海關的入境檢查通道,分為紅線(應申報檯)與綠線(免申報檯)。回台時,請先確認是否符合下列應申報條件,如是,需填寫海關申報單,並經紅線檯通關。

1. 攜帶菸、酒超過以下免稅規定者
· 免稅數量:酒類1公升,卷菸200支,雪茄25支或菸絲1磅。如超過需申報。
· 限量規定:酒類5公升(未開放進口之大陸地區酒類限量1公升),卷菸(1,000支),雪茄125支或菸絲5磅。
· 請主動向海關申報,得於扣除免稅數量後,於限量內予以徵稅放行。
2. 攜帶超量或管制藥品者。
3. 攜帶超量特定用途化粧品(保養品)者。
4. 攜帶水產品或動植物及其產品者。
5. 攜帶行李物品逾免稅規定者。
6. 攜帶超額貨幣現鈔、有價證券、黃金及其他有洗錢之虞之物品者。
　　另有其他相關規定,詳見財政部關務署ppt.cc/fLAlax。

北海道道之駅一覽表

北海道地區	公路號碼	道之駅名稱	Mapcode
道東			
川上郡 弟子屈町	國道241號	摩周温泉	462 848 659
白糠郡 白糠町	國道38號	しらぬか恋問	630 264 730
目梨郡 羅臼町	國道335號	知床・らうす	757 353 706
足寄郡 足寄町	國道241號	足寄湖	481 583 635
足寄郡 足寄町	國道241、242號	あしょろ銀河ホール21	481 591 000
足寄郡 陸別町	國道242號	オーロラタウン93りくべつ	596 464 706
河東郡 士幌町	主要道道-本別士幌線	しほろ温泉	424 509 378*55
河東郡 士幌町	國道241號	ピア21しほろ	424 554 135
河東郡 音更町	國道241號	おとふけ	124 805 760
河東郡 鹿追町	國道274號	うりまく	702 018 104
河東郡 鹿追町	國道274號	しかおい	343 644 246
阿寒郡 阿寒町	國道240號	阿寒丹頂の里	556 213 001
厚岸郡 厚岸町	道道-別海厚岸線	厚岸グルメパーク	637 191 563
北海道 根室市	國道44號	スワン44ねむろ	734 353 063
北海道 斜里町	主要道道-斜里停車場線	しゃり	642 575 095
北海道 斜里町	國道334號	うとろ・シリエトク	894 824 729
斜里郡 小清水町	國道244號	はなやか（葉菜野花）小清水	958 054 685
斜里郡 清里町	道道-摩周湖斜里線	パパスランドさっつる	444 439 528
網走郡 女満別町	國道39號	メルヘンの丘めまんべつ	305 278 721
網走郡 津別町	國道240號	あいおい	866 433 438
網走郡 美幌町	國道243號	ぐるっとパノラマ美幌峠	638 225 543
十勝郡 浦幌町	國道38號	うらほろ	511 530 331
野付郡 別海町	國道244號	おだいとう	448 418 657
網走郡 大空町	國道334號	ノンキーランド　ひがしもこと	305 050 115
道南			
上磯郡 木古内町	國道383號	みそぎの郷　きこない	584 652 081
上磯郡 知内町	國道228號	しりうち	584 340 742
久遠郡 大成町	國道229號	てっくいランド大成	718 750 139
古宇郡 神恵内村	國道229號	オスコイ！かもえない	775 271 471
北海道 伊達市	國道37號	だて歴史の杜	159 780 249
有珠郡 大滝村	國道276號	フォーレスト276大滝	759 105 476
有珠郡 壮瞥町	國道453號	そうべつサムズ	321 498 727
余市郡 余市町	國道229號	スペース・アップルよいち	164 665 364
余市郡 赤井川村	國道393號	あかいがわ	164 161 773
寿都郡 寿都町	主要道道-寿都黒松内線	みなとま〜れ寿都	797 778 126
寿都郡 黒松内町	國道5號	くろまつない	521 616 225*64
北海道 京極町	道道-京極倶知安線	名水の郷きょうごく	385 674 718
函館市 臼尻町	國道278號	縄文ロマン　南かやべ	744 053 054
岩内郡 岩内町	道道-岩内港線	いわない	398 812 645
松前郡 松前町	國道228號	北前船 松前	862 028 788
松前郡 福島町	國道228號	横綱の里ふくしま	676 526 213

北海道地區	公路號碼	道之駅名稱	Mapcode
北海道 室蘭市	國道37號	みたら室蘭	159 308 680
茅部郡 砂原町	國道278號	つど～る・プラザ・さわら	490 740 644
茅部郡 鹿部町	道道43號	しかべ間歇泉公園	744 400 124
茅部郡 森町	國道5號	YOU・遊・もり	490 638 558
虻田郡 新雪谷町	國道5號	ニセコビュープラザ	398 174 561
虻田郡 洞爺湖町	國道230號	とうや湖	321 879 361
虻田郡 洞爺湖町	國道37號	あぷた	321 393 206
虻田郡 留寿都村	國道230號	230ルスツ	385 256 495
虻田郡 真狩村	主要道道-岩内洞爺線	真狩フラワーセンター	385 337 220
虻田郡 喜茂別町	國道230號	望羊中山	759 672 333
虻田郡 豊浦町	國道37號	とようら	662 297 004
島牧郡 島牧村	國道229號	よってけ！島牧	797 362 094
亀田郡 七飯町	國道5號	なないろ・ななえ	86 604 699
亀田郡 恵山町	國道278號	なとわ・えさん	582 417 291
爾志郡 乙部町	國道229號	ルート229元和台	718 058 279
檜山郡 上之国町	國道228號	上ノ国もんじゅ	807 791 619
檜山郡 江差町	國道227號	江差	482 512 063
檜山郡 厚沢部町	國道227號	あっさぶ	482 581 640
磯谷郡 蘭越町	國道229號	シェルプラザ・港	730 464 231
磯谷郡 蘭越町	國道5號	らんこし・ふるさとの丘	730 057 177
道北			
中川郡 中川町	國道40號	なかがわ	640 503 046
中川郡 美深町	國道40號	びふか	651 488 715
中川郡 音威子府村	國道275號	おといねっぷ	684 226 160
天塩郡 天塩町	國道232號	てしお	530 150 697
天塩郡 遠別町	國道232號	富士見	830 170 313
北海道 名寄市	國道40號	もち米の里☆なよろ	272 440 156
北海道 旭川市	國道237號	あさひかわ	79 312 818
宗谷郡 猿払村	國道238號	さるふつ公園	680 591 318
枝幸郡 中頓別町	國道275號	ピンネシリ	684 760 177
枝幸郡 枝幸町	國道238號	マリーンアイランド岡島	957 166 037
枝幸郡 浜頓別町	國道275號	北オホーツクはまとんべつ	644 748 652
雨竜郡 北竜町	國道275號	サンフラワー北竜	179 870 674
雨竜郡 雨竜町	國道275號	田園の里うりゅう	179 572 113
雨竜郡 秩父別町	國道233號	鐘のなるまち・ちっぷべつ	495 041 492
雨竜郡 幌加内町	國道275號	森と湖の里ほろかない	701 707 183
苫前郡 羽幌町	國道232號	ほっと・はぼろ	508 700 639
苫前郡 初山別村	國道232號	☆ロマン街道しょさんべつ	692 513 322
苫前郡 苫前町	國道232號	風Ｗとままえ	508 514 245*55
留萌郡 小平町	國道232號	おびら鰊番屋	959 184 124
北海道 紋別市	道道-紋別港線	オホーツク紋別	801 585 103
紋別郡 上湧別町	道道-中湧別停車場線	かみゆうべつ温泉チューリップの湯(舊稱中湧別)	404 642 872
紋別郡 丸瀬布町	國道333號	まるせっぷ	617 279 205

北海道地區	公路號碼	道之驛名稱	Mapcode
紋別郡 白滝村	國道450號	しらたき	787 429 104
紋別郡 西興部村	國道239號	にしおこっぺ花夢	741 884 852
紋別郡 湧別町	國道238號	愛ランド湧別	404 476 471
紋別郡 雄武町	國道238號	おうむ	587 880 648
紋別郡 滝上町	國道273號	香りの里たきのうえ	570 701 316
紋別郡 遠軽町	國道333號	遠軽 森のオホーツク	404 060 579*37
紋別郡 興部町	國道239號	おこっぺ	587 509 201
常呂郡 佐呂間町	國道238號	サロマ湖	955 054 734
常呂郡 留辺蘂町	國道39號	おんねゆ温泉	402 600 107
北海道 稚内市	國道40號	わっかない	353 876 833
上川郡 剣淵町	國道40號	絵本の里けんぶち	470 647 159*55
北海道 三笠市	國道12號	三笠	180 276 299
道央			
三石郡 三石町	國道235號	みついし	564 481 196
上川郡 当麻町	國道39號	とうま	79 659 004
上川郡 東川町	道道-旭川旭岳温泉線	ひがしかわ「道草館」	389 406 345
上川郡 美瑛町	道道966號	びえい「白金ビルケ」	349 627 064
北海道 千歳市	國道337號	サーモンパーク千歳	113 889 556
北海道 夕張市	國道274號	夕張メロード	700 080 120
夕張郡 長沼町	國道274號	マオイの丘公園	230 416 555
広尾郡 大樹町	國道236號 道道-幸徳大樹停車場線	コスモール大樹	454 858 340
広尾郡 忠類村	國道236號	忠類	396 201 669
石狩市 厚田区	國道231號	石狩「あいろーど厚田」	514 862 216
石狩郡 当別町	國道337號	北欧の風　道の駅とうべつ	514 054 009
石狩郡 新篠津村	道道139號	しんしのつ	139 767 407
沙流郡 日高町	國道274號	樹海ロード日高	694 128 795
河西郡 中札内村	國道236號	なかさつない	396 660 681
河西郡 更別村	道道-更別幕別線	さらべつ	396 468 574
空知郡 奈井江町	國道12號	ハウスヤルビ奈井江	360 047 544
空知郡 南富良野町	國道38號	南ふらの	550 324 065
北海道 芦別市	國道38號	スタープラザ芦別	450 668 723
勇払郡 占冠村	國道237號	自然体感しむかっぷ	694 513 153
勇払郡 安平町	國道234號	あびらD51（デゴイチ）ステーション	320 128 800
勇払郡 鵡川町	國道235號	むかわ四季の館	455 261 554
北海道 美瑛町	道道-天人峡美瑛線	びえい「丘のくら」	389 011 664
北海道 苫小牧市	國道36號	ウトナイ湖	113 413 653
北海道 恵庭市	國道36號	花ロードえにわ	230 220 376
北海道 深川市	國道12、233號	ライスランドふかがわ	179 713 568
新冠郡 新冠町	國道235號	サラブレッドロード新冠	551 068 819
北海道 滝川市	國道12號	たきかわ	179 428 462
北海道 歌志内市	主要道道-赤平奈井江線	うたしないチロルの湯	179 016 095
樺戸郡 浦臼町	國道275號	つるぬま	360 100 678

*道之驛如有新增，請以實際狀況為主。

（製表／誌麟姊姊）

美瑛Biei區域圖

往旭川
北瑛
Seven Star之木
往旭岳 213
452
夕張
親子之木
Ken & Mary之木
543
亞斗夢之丘
213
北西之丘
井
Mild Seven之丘
布
旭町
之
路
237
美田
JR美瑛
966
景
580
觀
藤野
之
路
966
橋立山
新榮之丘展望公園
紅屋頂之丘
237
三愛之丘
580
聖誕樹
水澤水庫 神社山
薰風舍
千代田之丘
70
824
熊見山
JR美馬牛
間宮岳
70
美馬牛小學校
Mr. GNU
雲霄飛車之路
(美瑛入口)
四季彩之丘
拓真館
824
N

JR
富
良
野
線

往富良野

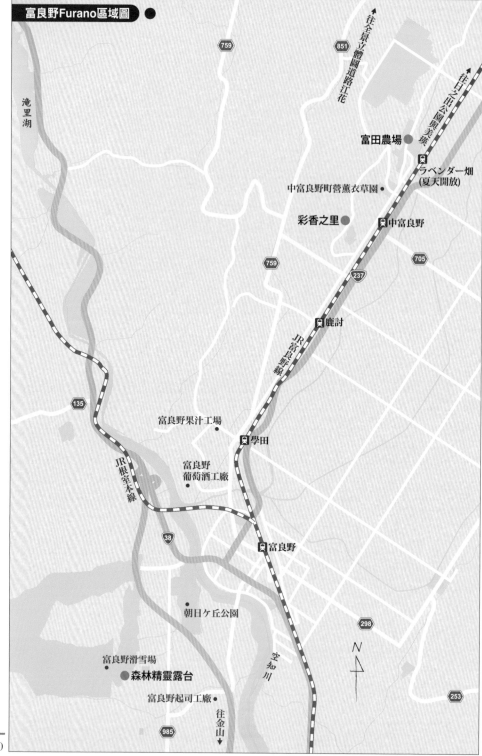

富良野Furano區域圖 ●

滝里湖

759
851
往全景立體圖道路江花

往日之田公園與美瑛

富田農場 ●
ラベンダー畑
(夏天開放)

中富良野町營薰衣草園 ●

彩香之里 ●
中富良野

759
237
705

鹿討

JR富良野線

富良野果汁工場 ●
學田

135
富良野葡萄酒工廠 ●

JR根室本線

富良野

38
朝日ケ丘公園

空知川
298

富良野滑雪場
森林精靈露台

N

富良野起司工廠 ●
往金山
985
253

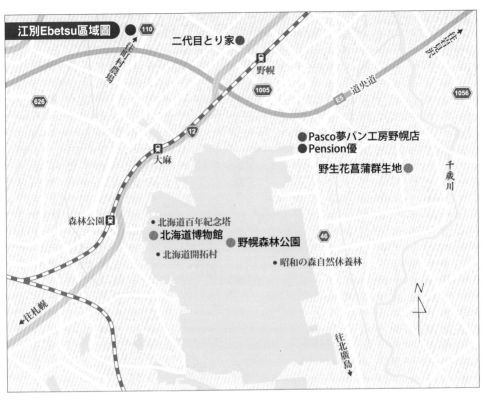

江別Ebetsu區域圖 ●110

二代目とり家 ●

野幌
1005
E5 道央道
626
1056

12

●Pasco夢パン工房野幌店
●Pension優
大麻

野生花菖蒲群生地 ●

千歳川

森林公園
・北海道百年紀念塔
● 北海道博物館　●野幌森林公園 46
・北海道開拓村
・昭和の森自然休養林

←往札幌

往北廣島 ↓

N

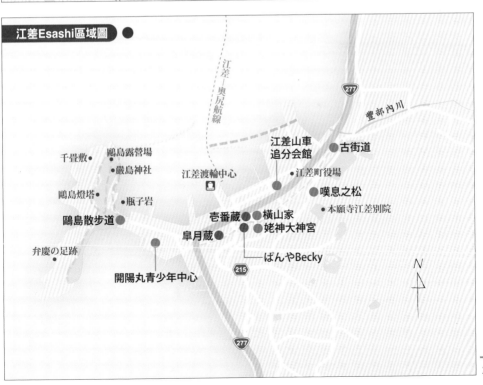

江差Esashi區域圖 ●

277
豐部內川

江差-奧尻航線

江差山車 ● 古街道
追分会館

千疊敷 ・ 鷗島露營場
・嚴島神社
江差渡輪中心 ・江差町役場

鷗島燈塔 ・ 瓶子岩
嘆息之松 ●
・本願寺江差別院

鷗島散步道 ●
壱番蔵 ● ● 横山家
皐月蔵 ● ● 姥神大神宮

弁慶の足跡 ・
ぱんやBecky

215
開陽丸青少年中心

277

N

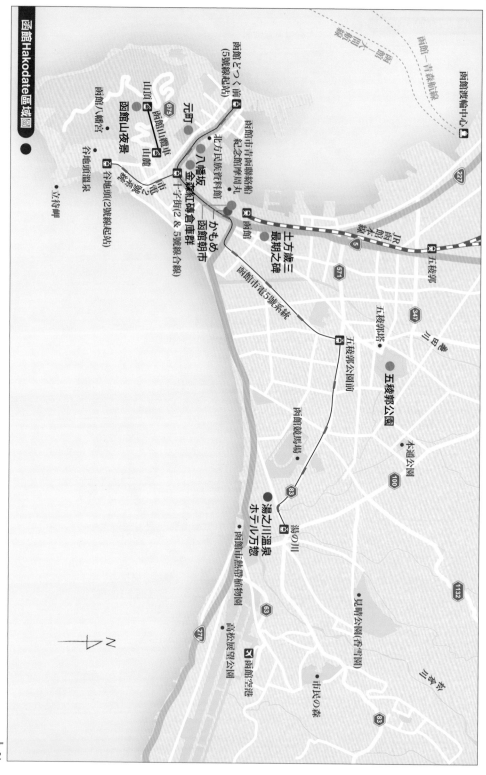

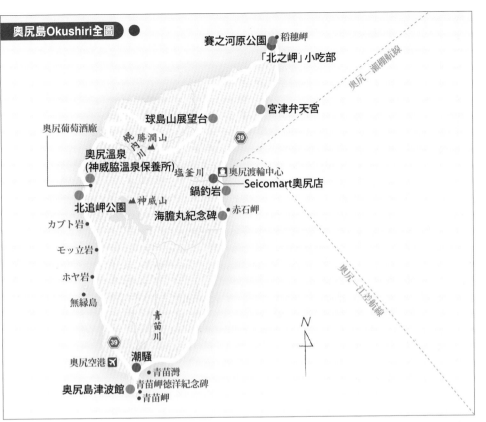

奧尻島Okushiri全圖

賽之河原公園
稻穗岬
「北之岬」小吃部

奧尻一瀨棚航線

宮津弁天宮

球島山展望台

奧尻葡萄酒廠
幌內川
勝澗山
奧尻溫泉
(神威脇溫泉保養所)
塩釜川
奧尻渡輪中心
Seicomart奧尻店
鍋釣岩

北追岬公園
神威山
赤石岬
海膽丸紀念碑

奧尻一江差航線

カブト岩

モッ立岩

ホヤ岩

無緣島

青苗川

奧尻空港
潮騷
青苗灣
奧尻島津波館
青苗岬德洋紀念碑
青苗岬

N

根室Nemuro區域圖

根室海峽
北方原生花園
納沙布岬

根室港
35
1064
989
35

根室海陽亭
根室
明治公園
根室高爾夫球場
蘭舞港
根室花まる
東根室

根室市市民の森
142
JR根室本線(花咲線)

春国岱
花咲燈塔車石
花咲港

風蓮湖
44
道之駅
スワン44ねむろ
長節湖

953
溫根沼
142
浜松海岸
ユルリ島

往落石岬

N

羅臼Rausu區域圖 ●

鄂霍次克海

知床岳

87

相泊溫泉
瀬石溫泉

硫黃山

南岳

87

知床世界遺産
ルサフィールドハウス

知床横斷公路

宇登呂

334

羅臼岳

羅臼遊客中心

知床峠

クジラの見える丘公園

羅臼湖

334

熊之湯 ● **純の番屋**

羅臼國後展望台

335 往根室

N

野付半島Notsuke Hanto區域圖 ●

往羅臼

当幌川

950 風蓮野付公園線

楢原

244

野付灣

**野付半島
自然中心**

氷平線

飛雁川

尾岱沼溫泉

椴原

竜神灣

別海町

新所之島

N

野付半島先端

野付埼燈塔
野鳥觀察舎
原生花園

往根室

利尻—礼文航線

利尻—稚內航線

ポンモシリ島

富士野園地 ●
夕日ヶ丘展望台 ●
Seicomart 利尻店
鴛泊燈塔 ●
ペシ岬 ●

利尻空港 ✈
利尻富士溫泉 ●
利尻神社 ●
🏠鴛泊港渡輪中心
田中家ひなげし館

利尻島家庭露營場「ゆ～に」
姬沼展望台 ● 野塚展望台、駐輪駐車公園

利尻北麓露營場 ●
姬沼
甘露泉水
長寿乃泉水

105

●**ミルピス商店**

🏠沓形港渡輪中心
●**沓形岬公園**

● 宗谷巴士辦公處
●**利尻拉麵味楽**

108

● 利尻山見返台展望台

● 利尻町森林公園
利尻山

沓形岬燈塔、露營場
● 町運動公園

108

北方嚴島弁天宮
利尻島郷土資料館
利尻亀一本店 ●

沼浦露營場 ●
Seicomart
オタトマリ沼 **鬼脇店**
沼浦濕原 ●

麗峰湧水
南浜濕原 **沼浦展望台**

仙法志御崎公園 ●
仙法志崎燈塔

N
↑

海驢島

須古頓岬
島の人紀念品店
（スコトン岬売店）
民宿スコトン岬

金田之岬
✈礼文空港(休止中)
船泊港 926

507
トド島展望台

ゴロタ離れ島

礼文荘
礼文町綜合公園
久種湖露營場
礼文敦盛草群生地
久種湖 40
大澤川
大備川
高山植物園

澄海岬

礼文高中

内路川

礼文岳 ▲
起登臼川

剝海膽體驗中心
金環日食觀測紀念碑

香深井川

自然體驗公園

40

礼文滝
地蔵岩
Seicomart香深店
元地海岸

海鮮処かふか

礼文─稚內航線
礼文─利尻航線

桃岩展望台
貓岩
765
Heart Land Ferry
礼文島香深渡輪中心
宗谷巴士

元地燈塔
北方金絲雀公園

N

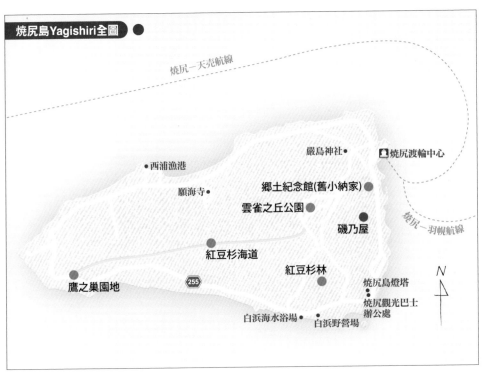

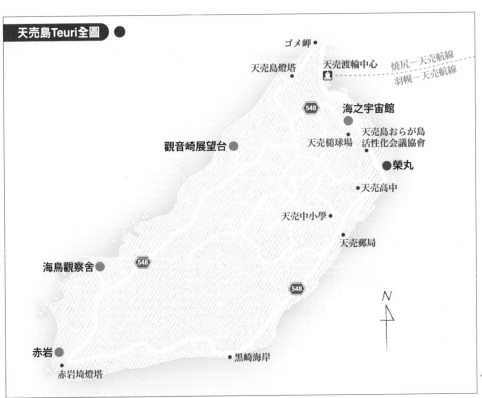

私藏北海道公路小旅行

作　　　者	誌麟姊姊

總　編　輯	張芳玲
編輯部主任	張焙宜
發 想 企 劃	taiya旅遊研究室
企 劃 編 輯	張芳玲、林云也
主 責 編 輯	林云也
封 面 設 計	胡博眾
美 術 設 計	林惠群
地 圖 繪 製	余淑真

太雅出版社
TEL：(02)2882-0755　FAX：(02)2882-1500
E-mail：taiya@morningstar.com.tw
郵政信箱：台北市郵政53-1291號信箱
太雅網址：http://taiya.morningstar.com.tw
購書網址：http://www.morningstar.com.tw
讀者專線：(04)2359-5819 分機230

出　版　者	太雅出版有限公司
	台北市11167劍潭路13號2樓
	行政院新聞局局版台業字第五○○四號

總　經　銷	知己圖書股份有限公司
	106台北市辛亥路一段30號9樓
	TEL：(02)2367-2044／2367-2047　FAX：(02)2363-5741
	407台中市西屯區工業30路1號
	TEL：(04)2359-5819 FAX：(04)2359-5493
	E-mail：service@morningstar.com.tw
	網路書店 http://www.morningstar.com.tw
	郵政劃撥 15060393(知己圖書股份有限公司)

法 律 顧 問	陳思成律師
印　　　刷	上好印刷股份有限公司　TEL：(04)2315-0280
裝　　　訂	大和精緻製訂股份有限公司　TEL：(04)2311-0221

初　　　版	西元2019年10月10日
定　　　價	399元

(本書如有破損或缺頁，退換書請寄至：台中市西屯區工業30路1號 太雅出版倉儲部收)

ISBN 978-986-336-351-4
Published by TAIYA Publishing Co.,Ltd.
Printed in Taiwan

國家圖書館出版品預行編目(CIP)資料

誌麟姊姊私藏北海道公路小旅行 /
誌麟姊姊作. -- 初版. -- 臺北市：太雅，
2019.10
　面；　公分. -- (世界主題之旅；132)
ISBN 978-986-336-351-4(平裝)

1.旅遊　2.日本北海道
731.7909　　　108012419

編輯室：
本書內容為作者實地採訪資料，書本發行後，開
放時間、服務內容、票價費用、餐廳、旅館、營
地營業狀況等，均有變動的可能，建議讀者多利
用書中網址查詢最新的資訊，也歡迎實地旅行或
居住的讀者，不吝提供最新資訊，以幫助我們下
一次的增修。
聯絡信箱：taiya@morningstar.com.tw

填線上回函，送 "好禮"

**感謝你購買太雅旅遊書籍！填寫線上讀者回函，
好康多多，並可收到太雅電子報、新書及講座資訊。**

每單數月抽10位，送珍藏版
「祝福徽章」

方法：掃QR Code，填寫線上讀者回函，
就有機會獲得珍藏版祝福徽章一份。

填修訂情報，就送精選
「好書一本」

方法：填寫線上讀者回函，並提供使用本
書後的修訂情報，經查證無誤，就送太雅
精選好書一本 (書單詳見回函網站)。

＊同時享有「好康1」的抽獎機會

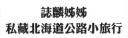

誌麟姊姊
私藏北海道公路小旅行

ppt.cc/foDEGx

＊ 「好康1」及「好康2」的獲獎名單，我們會
　於每單數月的10日公布於太雅部落格與太
　雅愛看書粉絲團。
＊ 活動內容請依回函網站為準。太雅出版社保
　留活動修改、變更、終止之權利。

太雅部落格 http://taiya.morningstar.com.tw

有行動力的旅行，從太雅出版社開始